AZ FRISS TOJÁS SZAKÁCSKÖNYV

100 CSODÁLATOS MÓD A FRISS TOJÁS FŐZÉSÉRE

ANA SIMON

Minden jog fenntartva.

Jogi nyilatkozat

Az ebben az e-könyvben található információk célja, hogy átfogó stratégiák gyűjteményeként szolgáljanak, amelyekről az e-könyv szerzője kutatásokat végzett. Az összefoglalók, stratégiák, tippek és trükkök csak a szerző ajánlásai, és ennek az e-könyvnek az olvasása nem garantálja, hogy az eredmények pontosan tükrözik a szerző eredményeit. Az e-könyv szerzője minden ésszerű erőfeszítést megtett annak érdekében, hogy aktuális és pontos információkat nyújtson az e-könyv olvasói számára. A szerző és munkatársai nem vállalnak felelősséget az esetlegesen feltárt nem szándékos hibákért vagy hiányosságokért. Az e-könyvben található anyagok tartalmazhatnak harmadik féltől származó információkat. A harmadik felek anyagai tulajdonosaik véleményét tartalmazzák. Mint ilyen, az e-könyv szerzője nem vállal felelősséget harmadik felek anyagaiért vagy véleményéért.

Az e-könyv szerzői joga © 2022, minden jog fenntartva. Tilos ennek az e-könyvnek egészben vagy részben történő újraterjesztése, másolása vagy származékos munka létrehozása. A jelentés egyetlen része sem reprodukálható vagy továbbítható semmilyen formában, bármilyen formában a szerző kifejezett és aláírt engedélye nélkül.

TARTALOMJEGYZÉK

TARTALOMJEGYZÉK 3
BEVEZETÉS 7
FRISS TOJÁS ALAPRECEPTEI 8
    1. Keményre főtt tojás 9
    2. Rántotta 11
    3. Buggyantott tojás 13
    4. Rántotta 15
    5. Omlett 17
    6. Mikrohullámú tojás 19
    7. Quiche 22
    8. Frittatas 24
    9. Soufflé 27
    10. Palacsinta 29
    11. Habcsók 32
    12. Pácolt tojás 34
    13. Alap süti tészta 36
NAPI FRISS TOJÁS 38
    14. Töltött paradicsom 39
    15. Spanyol serpenyős szufla 42
    16. Áfonya reggeli sütni 44
    17. Tojás szószban 47
    18. Tojás a fészkekben 50
    19. Frittata fetával és zöldekkel 53
    20. Zesty Devilish Eggs 56
    21. Tetejű sütőtök palacsinta 59
    22. Sárgarépa és burgonya palacsinta 62
    23. Reggeli Hash csészék 65
    24. Sajtos növényi frittata 68
    25. Black Bean Brownie Bites 71

26. Firenzei édesburgonya...74
27. Sárgarépa Muffin Topok..77
28. Miniatűr pekándió torták..80
29. Kakaós hajtorta...82
30. Túrós túrótorta..84
31. Microgreen töltött tojás..87
32. Borsó lő palacsinta..89
33. Egg White és Microgreens Omlett..91
34. Pinon (marha útifű omlett)...93
35. Puerto Ricó-i rizses zsemle..96
36. Flan de queso de Puerto Rico..99
37. Puerto Rico húsos cipó...102
38. Füstölt hallal töltött avokádó...105
39. Sült tojás füstölt lazaccal...108
40. Buggyantott tojás és füstölt lazac...110
41. Tartósított tojássárgája..113
42. Sóval sózott tojás..116
43. Füstös szójaszószos tojás...119
44. Curry ecetes tojás...122
45. Cékla ecetes tojás...125
46. Kukorica muffin füstölt pulykával...128
47. Füstölt lazac burgonyás palacsintával...130
48. Sült füstölt lazac és feta sajt..133
49. Füstölt lazac sajttorta...135
50. Cheddar pogácsa...138
51. Metélőhagymás burgonyás palacsinta...140
52. Kukorica és füstölt pulyka puding...143
53. Krémes füstölt lazac és kapros torta...146
54. Latkes füstölt lazaccal..149
55. Juharos-fahéjas zabpelyhes palacsinta...152
56. Svájci mángold és Quinoa Frittata...154
57. Fűszeres sült tojás kecskesajttal..157
60. Fokhagymás gombás és sajtos omlett..159
61. Rágós almaholdak..162
62. Cukorbeteg és alacsony nátriumtartalmú pogácsa............................164
63. Barna cukor-pekándió fagylalt...166

64. Citromos habcsók rétéges torta..169
65. Csokis krémes pite..172
66. Cseresznye-mandulás Biscotti...175
67. Zabpehely-csokis keksz...178
68. Alacsony nátriumtartalmú kukoricás kenyérpite......................................181
69. Csokoládé szufla torta...184
70. Reggeli Tacos...187
71. Barbecue Hash...190
72. Olíva és fűszernövény Frittata...193
73. Frittata spárga..195
74. Epres-mandulás pirítós..197
75. Csokis palacsinta..199
76. Csokoládé diós gofri..201
77. Granolaszeletek és szárított cseresznye...204
78. Gyümölcsös és diós muffin..206
79. Dupla sütőtök snackszeletek..209
80. Tojásos pizzatészta...212
81. Omlett zöldségekkel..214
82. Tojásos muffin..216
83. Füstölt lazac rántotta..218
84. Steak és tojás...220
85. Tojássütés..222
86. Frittata..225
87. Naan / Palacsinta / Palacsinta...227
88. Cukkinis palacsinta...229
89. Quiche...231
90. Reggeli kolbászgolyó...233
91. Reggeli kolbászos szendvicsek..235
92. Sült chile puding...238
93. Reggeli kolbászos szendvicsek..241
94. Német palacsinta..243

FRISS TOJÁSI ITALOK..247

95. Coquito..248
96. Klasszikus Amaretto Sour..250
97. Whisky-savanyú koktél...252

98. Német tojáslikőr...254
99. Vietnami tojáskávé...257
100. Zabaglione..259

KÖVETKEZTETÉS..**261**

BEVEZETÉS

Mindannyian tudjuk, hogy a tojás jót tesz neked. Kiváló fehérje- és kulcstápanyagok forrásai, és rendkívül sokoldalúak az elkészítési módjukban. De a legjobb dolog a tojásban? Nagyon finomak.

Ebben a könyvben lépésenkénti technikákat és ötleteket találhat, amelyek segítségével minden alkalommal tökéletes, ízletes tojást kaphat. Néhány alapismeret elsajátításával egyszerűen elkészíthető ételek széles skáláját készítheti el, ahány embernek szeretné. Szóval folytasd és kezdd el a repedést!

FRISS TOJÁS ALAPRECEPTEI

1. Keményre főtt tojás

Útvonalak

a) Helyezze a tojásokat egy rétegben az edény aljára, és fedje le hideg vízzel. A víznek körülbelül egy hüvelykkel magasabbnak kell lennie, mint a tojásé. Fedjük le az edényt, és forraljuk fel közepesen magas lángon.
b) Amikor a víz forrni kezd, vegye le az edényt a tűzről, és hagyja állni 18-23 percig. A lágyabb sárgája érdekében csökkentse az időt 3-4 percre, közepes sárgája esetén pedig 11-12 percre.
c) Csepegtessük le, és azonnal öntsük le hideg vízzel a tojásokat, amíg kihűlnek, vagy vegyük ki a tojásokat egy lyukas kanállal, és tegyük jeges fürdőbe a főzés leállításához.

2. Rántotta

Hozzávalók

- Tojás
- Főzőpermet, vaj vagy olaj
- Só, bors

Útvonalak

a) Melegítsünk fel egy serpenyőt közepes lángon. Kenje be a serpenyőt főzőpermettel (ha csak normál serpenyőt használ), vajjal vagy olajjal, ízlése szerint. Ha vajat használ, hagyjon elegendő időt, hogy felolvadjon, és ha olajat használ, adjon 30 másodpercet, hogy felmelegedjen.

b) Törjünk egy tojást egy tálba (ha több tojást sütünk, mindegyiket feltörhetjük a saját edényükbe, vagy újra felhasználhatjuk ugyanazt a tálat), és óvatosan csepegtessük a tojást a serpenyőbe. Enyhén sózzuk és borsozzuk (elhagyható).

c) Hagyja a tojást főni, amíg a fehérje megszilárdul, és a szélei felkunkorodni kezdenek, körülbelül 3-4 percig. Álljon ellen a felhajtás késztetésének – a tojásai jobbak lesznek, ha magukra hagyják. A napsütéses oldallal felfelé csúsztassa a tojást egy tányérra. A túl könnyű, túl közepes vagy túl jó tojások esetében folytassa a következő lépéssel.

d) Egy spatulával óvatosan fordítsa meg a tojást. Nem kell egészen a tojás alá húzni, de mielőtt megfordítaná, győződjön meg róla, hogy a sárgája alatt van. Körülbelül 30 másodpercig főzzük tovább, ha túl könnyű, 1 percig közepesen, és másfél percig, ha túl jól. Fordítsa meg még egyszer, és csúsztassa egy tányérra.

3. Buggyantott tojás

Hozzávalók

- Tojás
- Víz
- Só, bors

Útvonalak

a) Töltsön meg egy serpenyőt 8 cm (3 hüvelyk) vízzel, és forralja fel. Ezalatt minden tojást feltörni a saját kis tálkába, hogy készen álljanak a használatra, amikor a víz eléri a megfelelő hőmérsékletet.

b) Amikor a víz felforrt, enyhén pároljuk. A tálat közvetlenül a forrásban lévő víz felett tartva óvatosan csúsztassa a tojást a vízbe. Ugyanígy dobja be a második tojást is, és próbálja nyomon követni a bevitt tojás sorrendjét. Az első tojás legyen az első tojás. Ne felejtsen el több vizet használni, ha több tojást főz, hogy a víz hőmérséklete ne csökkenjen túlságosan.

c) A tojásokat 3 perc múlva vegyük ki puha buggyantáshoz, vagy hagyjuk 5 percig főni, hogy szilárdabb sárgája legyen. Szűrőkanállal vegyük ki, és öntsük le a lehető legtöbb vizet. A tojásnak meg kell inognia (de csak egy kicsit), amikor mozgatja a kanalat. A főtt tojásokat papírtörlőre tesszük, sózzuk, borsozzuk (elhagyható).

4. Rántotta

Hozzávalók

- Tojás
- Tej
- Főzőpermet vagy vaj
- Só és bors (elhagyható)

Útvonalak

a) Egy adag rántotta elkészítéséhez üss fel 2 tojást egy tálba, és forgass hozzá 2 evőkanál (30 ml) tejet. Ízlés szerint sózzuk, borsozzuk.
b) Melegítse fel a serpenyőt közepes lángon. Kenje be a serpenyőt főzőpermettel (ha csak normál serpenyőt használ) vagy vajjal, ízlése szerint. Ha vajat használunk, hagyjunk annyi időt, hogy felolvadjon. Öntsük a tojásokat a serpenyőbe, és mérsékeljük a hőt közepesen alacsonyra.
c) Óvatosan mozgassa a tojásokat egy spatulával, így lágy túrót képez. Folytassa a keverést, amíg már nem lesz folyékony tojás a serpenyőben, de még mielőtt a tojás megszáradt.
d) Azonnal vegye ki a tojásokat és a tányért.

5. Omlett

Hozzávalók

- 2 tojás
- 2 evőkanál (30 ml) víz
- Főzőpermet, vaj vagy olaj
- Kívánt töltelékek (pl.: sajt, gomba, zöldpaprika)
- Só és bors (elhagyható)

Útvonalak

a) Habverővel vagy villával verje fel a tojásokat 2 evőkanál (30 ml) vízzel. Sóval és borssal ízesítjük (elhagyható). Ügyeljen arra, hogy a sárgáját és a fehérjét jól keverje össze.

b) Melegíts fel egy serpenyőt közepesen magas lángon. Kenje be a serpenyőt főzőpermettel (ha csak normál serpenyőt használ), vajjal vagy olajjal, ízlése szerint. Ha vajat használ, hagyjon elegendő időt, hogy felolvadjon, és ha olajat használ, adjon 30 másodpercet, hogy felmelegedjen.

c) Ha a serpenyő felforrósodott, öntsük bele a keveréket. Amikor a tojáskeverék a serpenyő széle körül megköt, egy spatulával finoman tolja a főtt részeket a serpenyő közepe felé. Döntse meg és forgassa a serpenyőt, hogy a főtt tojás az üres helyekre folyjon. Ha a tojás felülete nedvesnek tűnik, de a serpenyő mozgatásakor nem mozdul, akkor készen áll a töltésre. Kíméletesen adja hozzá a tölteléket – egy kevés is sokat segít.

d) Hajtsa félbe az omlettet egy spatulával, és hagyja kissé megbarnulni az alját, mielőtt egy tányérra csúsztaná. Ha maradt töltelékünk, a többit az omlett tetejére öntjük.

6. Mikrohullámú tojás

Hozzávalók
- 1 tojás
- Főzőpermet, vaj vagy olaj
- Csipet só

Útvonalak
a) A mikrohullámú sütőben használható edényt vagy ramekint vonjon be főzőpermettel, vajjal vagy olajjal, ízlése szerint (ha a mikrohullámú tojásfőzőt használja, nincs szükség bevonásra). Szórjon néhány szem sót az edény aljába. A só magához vonzza a mikrohullámú energiát, és elősegíti a tojás egyenletes főzését.
b) Törjünk egy tojást a tartályba. A sárgáját és a fehérjét villával 4-5 alkalommal szúrjuk meg (a szúrás szükséges, hogy elkerüljük a felrobbanást főzés közben).
c) Fedje le műanyag fóliával, húzzon vissza egy kis részt a szellőzéshez (ha mikrohullámú tojásfőzőt használ, tegye a fedőt az alapra, és csavarja meg a rögzítéshez).
d) LÁGY FŐTT TOJÁSHOZ: Mikrohullámú sütőben magas (100%-os teljesítmény) fokozaton 30 másodpercig, vagy közepesen (50%-os teljesítmény) 50 másodpercig. Hagyja állni 30 másodpercig, mielőtt eltávolítja a műanyag fóliát vagy a fedelet. Ha még mindig nem sült meg, fordítsa meg a tojást az edényben, fedje le, és tegye mikrohullámú sütőbe további 10 másodpercig, vagy amíg tetszés szerint meg nem fő.
e) KEMÉNYEN FŐTT TOJÁSHOZ: Mikrohullámú magas fokozaton (100%-os teljesítmény) 40 másodpercig. Hagyja állni 30 másodpercig, mielőtt eltávolítja a műanyag fóliát

vagy a fedelet. Ha még mindig nem sült meg, fordítsa meg a tojást az edényben, fedje le, és tegye mikrohullámú sütőbe további 10 másodpercig, vagy amíg tetszés szerint meg nem fő.

7. Quiche

Hozzávalók

- 4 tojás
- Elősütött pitehéj
- Kívánt töltelékek
- 1 1/2 csésze (375 ml) tejszín vagy tej
- Só és bors (elhagyható)

Útvonalak

a) Melegítse elő a sütőt 180 °C-ra (350 °F). Szórjon sajtot és bármilyen más tölteléket, amit szeretne a pitehéj aljába.
b) A tojásokat és a tejszínt egy tálban jól keverjük össze. Sóval és borssal ízesítjük (elhagyható).
c) Óvatosan öntse a keveréket a pitehéjba.
d) Süssük 35-40 percig, vagy amíg a töltelék aranybarna nem lesz. Az elkészültség ellenőrzéséhez szúrjon egy kést a quiche közepébe. Ha tisztán jön ki, kész! Tálalás előtt 10 percig állni hagyjuk.

8. Frittatas

Hozzávalók

- 8 tojás
- 1/2 csésze (125 ml) víz
- 1/8 teáskanál (0,5 ml) só
- 1/8 teáskanál (0,5 ml) bors
- Főzőpermet, vaj vagy olaj
- 2 csésze (500 ml) töltelék Hozzávalók (apróra vágott zöldség, hús, baromfi, tenger gyümölcsei vagy ezek kombinációja)
- 1/2 csésze (125 ml) reszelt sajt
- Friss vagy szárított fűszernövények ízlés szerint (elhagyható)

Útvonalak

a) A sütőt előmelegítjük, hogy megsüljön. Egy közepes tálban habosra keverjük a tojást, a vizet, a fűszernövényeket, a sót és a borsot. Félretesz, mellőz.

b) Melegíts fel egy 10 hüvelykes (25 cm) tapadásmentes, tűzálló serpenyőt közepes lángon. Kenje be a serpenyőt főzőpermettel (ha csak normál serpenyőt használ), vajjal vagy olajjal, ízlése szerint. Ha vajat használ, hagyjon elegendő időt, hogy felolvadjon, és ha olajat használ, adjon 30 másodpercet, hogy felmelegedjen. Adjuk hozzá a töltelék hozzávalóit, és gyakran kevergetve pároljuk őket teljesen készre.

c) Öntsük bele a tojásos keveréket. Amikor a keverék megköt a serpenyő szélén, óvatosan emelje fel a főtt részeket egy spatulával, hogy a főtt tojás lefolyjon alatta. Addig főzzük, amíg az alja meg nem, a teteje pedig majdnem megszilárdul, körülbelül 8-10 percig.

d) A tetejére sajtot szórunk. Helyezze a serpenyőt előmelegített broiler alá 2-3 percre, hogy a sajt megolvadjon, és felfújja a frittatát, vagy fedje le fedővel, és főzze néhány percig a tűzhelyen.
e) Lazítsa meg a frittata szélét egy késsel. Karikára vágjuk és tálaljuk.

9. Soufflé

Hozzávalók

- 4 tojás
- 2 tojásfehérje
- 2 evőkanál (30 ml) vaj
- 2 evőkanál (30 ml) univerzális liszt
- 1/2 teáskanál (2,5 ml) só
- Csipet bors
- 3/4 csésze (175 ml) tej (1%)
- 1/4 teáskanál (1,25 ml) tartárkrém

Útvonalak

a) Melegítse elő a sütőt 375 °F-ra (190 °C). Olvasszuk fel a vajat egy közepes serpenyőben alacsony lángon. Hozzákeverjük a lisztet, sót és borsot. Folyamatos keverés mellett főzzük, amíg a keverék sima és habos nem lesz. Fokozatosan hozzákeverjük a tejet. Folytassa a keverést, amíg a keverék sima és besűrűsödik.

b) A 4 tojássárgáját szétválasztjuk, a fehérjéből 2-t félreteszünk. A sárgáját jól felverjük, és a tojássárgájához adjunk 1/4 csésze (60 ml) meleg szósz keveréket.

c) Keverje össze ezt a sárgás keveréket a maradék szósszal, alaposan keverje össze.

d) A tojásfehérjét a tartárkrémmel egy nagy tálban kemény habbá verjük, de nem szárazra.

e) A tojásfehérjék egy részét beleforgatjuk a szószba, hogy világosabb legyen, majd óvatosan, de alaposan beleforgatjuk a szószt a maradék tojásfehérjébe.

f) Óvatosan öntse egy 4 csésze (1 l) enyhén zsírozott szuflébe vagy rakott edénybe.

g) Süssük puffadásig és enyhén barnára, körülbelül 20-25 percig.

10.   Palacsinta

Hozzávalók

4 tojás
1/2 teáskanál (2,5 ml) só
2 csésze (500 ml) univerzális liszt
2 csésze (500 ml) tej
1/4 csésze (60 ml) növényi olaj
Főzőpermet vagy vaj

Útvonalak

a) Keverje össze a tojást és a sót egy közepes tálban. Fokozatosan adjuk hozzá a lisztet, felváltva a tejjel, és keverjük simára. Lassan keverjük bele az olajat. Ehhez a lépéshez turmixgépet is használhat. Az összes hozzávalót simára dolgozzuk, körülbelül 1 percig. A tésztát legalább 30 percre hűtőbe tesszük, hogy a liszt kitáguljon, és az esetleges légbuborékok összeesjenek. Ezalatt a tészta besűrűsödhet, ezért előfordulhat, hogy egy kis tej vagy víz hozzáadásával hígítani kell. A palacsintatészta sűrű tejszín állagú legyen.

b) Kenje be a palacsintát egy kis főzőpermettel (ha csak normál serpenyőt használ) vagy vajjal. Közepes-magas lángon addig melegítjük, amíg a serpenyőbe szórva a vízcseppek fel nem peregnek.

c) Keverje össze a tésztát, és öntsön egyszerre körülbelül 3 evőkanál (45 ml) tésztát a serpenyőbe.

d) Gyorsan döntse meg és forgassa el a serpenyőt, miközben finoman körkörös mozdulatokkal rázza meg, hogy a serpenyő alját bevonja a tésztával.

Addig főzzük, amíg a palacsinta alja kissé megpirul, körülbelül 45 másodpercig. Lapáttal fordítsa meg a palacsintát, és süsse további 15-30 másodpercig. Tegyük tányérra, és ismételjük meg a maradék tésztával. Ha a palacsinta ragadni kezd, öntsön még több főzőpermetet vagy vajat a serpenyőbe.

11. Habcsók

Hozzávalók

- 3 tojásfehérje szobahőmérsékleten
- 1/4 teáskanál (1,25 ml) tejszín tartár vagy citromlé
- 1/4 csésze (60 ml) kristálycukor

Útvonalak

a) Melegítse elő a sütőt 220 °C-ra (425 °F). Az alap habcsók elkészítéséhez válasszuk szét a tojásfehérjét, és tegyük egy üveg- vagy fémtálba (a műanyag tálakon zsíros fólia lehet, amely megakadályozza a habzást). Válasszuk szét a tojásokat anélkül, hogy sárgája nyomot hagyna a fehérjében, mivel a sárgájában lévő zsír megakadályozza, hogy a fehérje a kívánt térfogatra fejlődjön.

b) Adjuk hozzá a tartárkrémet, és elektromos habverővel verjük habosra a tojásfehérjét. Úgy nevezett lágy csúcsokat kell alkotniuk. A csúcsok a „dombok", amelyek felfelé húzódnak, amikor eltávolítják a habverőt a habról. Tudni fogja, hogy a csúcsok puhák, ha a hegyek finoman leborulnak.

c) Fokozatosan adjuk hozzá a cukrot, 1-2 evőkanál (15-30 ml) egyszerre, amíg az egész el nem olvad, és a csúcsok fényesek nem lesznek. A verést addig folytatjuk, amíg a hab kemény csúcsokat nem kap, és az összes cukor fel nem oldódik. Annak ellenőrzéséhez, hogy a cukor feloldódott-e, dörzsölje át a felvert habcsókot a hüvelyk- és mutatóujja között. Ha kavicsosnak érzi a tojást, néhány másodperccel tovább verje simára.

d) Halmozd fel a habcsókot a meleg töltelékedre, és süsd körülbelül 4-5 percig – csak annyira, hogy a csúcsok finoman barnuljanak.

12. Pácolt tojás

Hozzávalók

- 12 keményre főtt tojás
- 1 csésze (250 ml) víz
- 1 csésze (250 ml) fehér ecet
- 1 evőkanál (15 ml) kristálycukor
- 1 teáskanál (5 ml) só
- 2 teáskanál (10 ml) savanyító fűszer

Útvonalak

a) Egy kis serpenyőben, nagy lángon keverjük össze a vizet, az ecetet, a cukrot, a sót és a fűszereket. Gyakori kevergetés mellett felforraljuk, amíg a cukor fel nem oldódik. Csökkentse a hőt alacsonyra, és párolja 10 percig.

b) Győződjön meg róla, hogy teljesen kihűlt, hámozzuk meg a keményre főtt tojásokat, és helyezzük az üvegbe. A 4. oldalon megtudhatja, hogyan készíthet tökéletes keményre főtt tojást.

c) Öntse a forró pácfolyadékot az üvegbe, közvetlenül a tojásra. Ennél a lépésnél kiszűrheti a savanyító fűszereket, de a szűretlen hozzávalók szép látványt nyújtanak.

d) Használat előtt legalább 2 napig hűtsük.

13. Alap süti tészta

Hozzávalók

- 2 1/4 csésze (550 ml) univerzális liszt
- 1 teáskanál (5 ml) szódabikarbóna
- 1/4 teáskanál (1,25 ml) só
- 3/4 csésze (175 ml) vaj, szobahőmérsékleten
- 3/4 csésze (175 ml) kristálycukor
- 3/4 csésze (175 ml) csomagolt barna cukor
- 2 tojás
- 1 teáskanál (5 ml) vanília

Útvonalak

a) Melegítsd elő a sütőt 180°C-ra, és béleld ki a tepsit sütőpapírral vagy szilikon szőnyeggel. Keverje össze a lisztet, a szódabikarbónát és a sót egy közepes tálban.
b) A vajat és a kristálycukrot és a barna cukrot elektromos habverővel egy nagy tálban simára és habosra keverjük. Hozzáadjuk a tojást és a vaníliát, és jól összekeverjük. Adjuk hozzá a lisztes keveréket, és keverjük össze.
c) Csepegtess egy evőkanálnyi tésztát egymástól körülbelül 5 cm távolságra az előkészített sütőlapokra. Csak addig sütjük, amíg a sütik elveszítik fényes megjelenésüket, körülbelül 9 percig. Hagyja hűlni a sütiket a tepsiben 1 percig, mielőtt rácsra helyezi, hogy teljesen kihűljön.

NAPI FRISS TOJÁS

14. Töltött paradicsom

Hozzávalók:

- 8 kisebb vagy 3 nagy paradicsom
- 4 kemény tojás, kihűtve és meghámozva
- 6 evőkanál Aioli vagy majonéz
- Só, bors
- 1 evőkanál petrezselyem, apróra vágva
- 1 evőkanál fehér zsemlemorzsa, ha nagy paradicsomot használunk

Útvonalak:

a) Merítse a paradicsomokat jeges vagy rendkívül hideg vízbe, miután 10 másodpercig meghámozta őket egy serpenyőben forrásban lévő vízben.

b) Vágja le a paradicsom tetejét. Egy teáskanál vagy egy kicsi, éles késsel kaparjuk le a magokat és a belsejét.

c) A tojásokat az Aiolival (vagy majonézzel, ha használjuk), sóval, borssal és petrezselyemmel pépesítjük egy keverőtálban.

d) Töltsük meg a paradicsomot a töltelékkel, erősen nyomkodjuk le. A kis paradicsomok fedelét ferde szögben helyezzük vissza.

e) Töltsük meg a paradicsomot a tetejéig, erősen nyomkodjuk, amíg vízszintesek nem lesznek. Hűtőbe tesszük 1 órára, mielőtt éles késsel karikákra szeletelnénk.

f) Díszítsük petrezselyemmel.

15. Spanyol serpenyős szufla

Adagok: 1

Hozzávaló

- 1 doboz spanyol gyors barna rizs
- 4 tojás
- 4 uncia apróra vágott zöld chili
- 1 csésze Víz
- 1 csésze reszelt sajt

Útvonalak:

a) Kövesse a csomagoláson található utasításokat a doboz tartalmának elkészítéséhez.

b) Ha elkészült a rizs, keverjük hozzá a többi hozzávalót, a sajt kivételével.

c) Tetejét reszelt sajttal megkenjük, és 325°F-on 30-35 percig sütjük.

16. Áfonya reggeli sütni

Kitermelés: 6 adag

Hozzávalók:

- 6 szelet teljes kiőrlésű kenyér, állott vagy kiszáradt
- 2 tojás, felvert
- 1 csésze zsírmentes tej
- 1/4 csésze barna cukor, osztva
- 1 citrom héja, osztva
- 2 teáskanál fahéj, osztva
- 2 1/2 csésze áfonya, osztva

Útvonalak:

a) Melegítse elő a sütőt 350 Fahrenheit-fokra. Sütőspray-vel kikenünk egy 12 csésze muffin tálcát.

b) A kenyeret felkockázzuk és félretesszük. A tojásokat, a tejet és a cukrot egy nagy keverőtálban habosra keverjük.

c) Adjunk hozzá 2 evőkanál barna cukrot, 1/2 teáskanál fahéjat és 1/2 citrom héját

d) Dobja a kenyeret és 1 1/2 csésze áfonyát a tojásos keverékhez, és addig keverje, amíg a folyadék nagyrészt felszívódik. A muffinformákat félig megtöltjük a masszával.

e) Egy kis tálban keverj össze 1 evőkanál barna cukrot és 1 teáskanál fahéjat. A francia pirítóscsészékre szórjuk a feltétet. 20-22 percig főzzük, vagy amíg a teteje megpirul és a francia pirítós elkészül.

f) Közben a maradék 1 csésze áfonyát, a citromhéjat és 1 evőkanál barna cukrot egy kis serpenyőbe tesszük, és közepes-alacsony lángon 8-10 percig főzzük, vagy amíg a folyadék ki nem ürül.

g) Az áfonyát burgonyanyomóval addig pépesítjük, amíg el nem éri a kívánt állagot.

h) Használja az áfonyás keveréket szirupként, hogy a megsült francia pirítósra csepegtesse.

17. Tojás szószban

Kitermelés: 4 adag

Hozzávalók:

- 1 evőkanál olívaolaj
- 1/2 sárga hagyma, kockára vágva
- 1 evőkanál paradicsompüré
- 3 teáskanál paprika
- 3 gerezd fokhagyma, felaprítva
- 4 szelet pirított pirospaprika, felkockázva
- 1,28 uncia konzerv alacsony nátriumtartalmú zúzott paradicsom
- 1/8 teáskanál só
- 3 csésze friss spenót
- 1/4 csésze friss petrezselyem, apróra vágva
- 4 nagy tojás
- 2 teljes kiőrlésű pita, pirítva

Útvonalak:

a) Egy nagy, tapadásmentes serpenyőben közepes lángon hevítsük fel az olajat.

b) Adjuk hozzá a hagymát, és pároljuk 2 percig, vagy amíg kissé megpuhul. A paradicsompüré, a paprika és a fokhagyma hozzáadása után 30 másodpercig főzzük.

c) Dobd bele a paprikát, a paradicsomot és a fűszereket. Forrás után csökkentse a hőt alacsonyra.

d) Időnként megkeverve főzzük 30 percig.

e) Adjuk hozzá a spenótot és a petrezselyem felét, és keverjük össze. Fakanállal készítsünk négy mélyedést a paradicsomos keverékbe. Törj mind a négy mélyedésbe egy-egy tojást, fedd le, és főzd 8 percig, vagy amíg a tojásfehérje megszilárdul.

f) Befejezésként szórjuk a tetejére a maradék petrezselymet. Mártáshoz pita kenyérrel tálaljuk.

18. Tojás a fészkekben

Kitermelés: 6 adag

Hozzávalók:

- 1 kiló édesburgonya, meghámozva
- 2 evőkanál olívaolaj
- 1/4 teáskanál só, osztva
- 1/4 teáskanál fekete bors, osztva
- 12 nagy tojás

Útvonalak:

a) Melegítsük elő a sütőt 400 Fahrenheit fokra.

b) Főzőpermet segítségével vonjon be egy 12 csésze muffin tálcát.

c) Dobozreszelő segítségével a burgonyát felaprítjuk és félretesszük. Egy nagy serpenyőben hevítsük fel az olívaolajat közepesen magas lángon. 1/8 teáskanál só, 1/8 teáskanál bors, kockára vágott édesburgonya

d) A burgonyát puhára főzzük, körülbelül 5-6 perc alatt. Vegyük le a tűzről, és tegyük félre, amíg kellően kihűl a kezeléshez.

e) Mindegyik muffin csészébe nyomjon 1/4 csésze főtt burgonyát. A muffin csésze aljába és oldalába erősen nyomkodjuk.

f) Vonjuk be a burgonyát főzőpermettel, és süssük 5-10 percig, vagy amíg az oldala finoman megpirul.

g) Mindegyik édesburgonya fészekbe ütjünk fel egy tojást, és ízesítsük a maradék 1/8 teáskanál sóval és 1/8 teáskanál borssal.

h) 15-18 percig sütjük, vagy amíg a tojásfehérje és a sárgája a kívánt készre nem fő.

i) Tegye félre 5 percre, hogy kihűljön, mielőtt kiveszi a tepsiből. Szolgálj és érezd jól magad!

19.   Frittata fetával és zöldekkel

Kitermelés: 8 adag

Hozzávalók:

- 1 evőkanál olívaolaj
- 1 kis sárga hagyma, felkockázva
- 2 gerezd fokhagyma, felaprítva
- 4 csésze svájci mángold szalagokra vágva
- 8 nagy tojás
- 1/4 teáskanál fekete bors
- 1/2 csésze csökkentett zsírtartalmú feta sajt, morzsolva
- 2 evőkanál friss petrezselyem, apróra vágva

Útvonalak:

a) Melegítse elő a sütőt 350 Fahrenheit-fokra.

b) Közepes-magas lángon melegítsen fel egy nagy, sütőben használható serpenyőt. Pároljuk a hagymát 3-4 percig, vagy amíg megpuhul.

c) Főzzük további 3-4 percig, vagy amíg a mángold megfonnyad.

d) Közben egy nagy keverőtálban keverje össze a tojást és a fekete borsot.

e) Keverjük össze a zöldes-hagymás keveréket a tojással egy keverőtálban. A feta sajtot beleforgatjuk a tojásos keverékbe.

f) Tegye vissza a tojásos keveréket a sütőben használható serpenyőbe, keverje meg, nehogy a frittata leragadjon.

g) Melegítsd elő a sütőt 350°F-ra, és süsd a serpenyőben 15-18 percig, vagy amíg a tojás megszilárdul.

h) Vegyük ki a sütőből, szórjuk meg apróra vágott petrezselyemmel, és tegyük félre 5 percre, mielőtt 8 részre szeleteljük. Szolgálj és érezd jól magad!

20. Zesty Devilish Eggs

Kitermelés: 6 adag

Hozzávalók:

- 6 nagy tojás
- 1 avokádó félbevágva és kimagozva
- 1/3 csésze sima, zsírmentes görög joghurt
- 1 citrom héja és leve
- 1 evőkanál dijoni mustár
- 1/4 teáskanál fekete bors
- 1 evőkanál darált metélőhagyma

Útvonalak:

a) Egy nagy serpenyőben felütjük a tojásokat, és felöntjük hideg vízzel.

b) Forraljuk fel, majd vegyük le a tűzről. Hagyja 15 percig, hogy a tojás megázzon a vízben a serpenyőben.

c) Vegyük ki a tojásokat, és tegyük félre hűlni. Hámozzuk meg és félbevágjuk a tojásokat hosszában.

d) Aprítógépben 3 tojássárgáját összekeverünk. A maradék tojássárgákat mentse el más célra, vagy dobja ki.

e) Egy robotgépben keverje össze az avokádót, a görög joghurtot, a citrom héját és levét, a dijoni mustárt és a fekete borsot a tojássárgájával. Az egészet addig turmixoljuk, amíg teljesen sima nem lesz.

f) Helyezze a tojásfehérjét egy tálra, és tegye a tojássárgás keveréket egy cipzáras zacskóba. A tojássárgás keveréket a tojásfehérjébe nyomkodjuk úgy, hogy az egyik alsó sarkot levágjuk.

g) Az apróra vágott metélőhagymát megszórjuk az ördögtojásokkal. Szolgálj és érezd jól magad!

21. Tetejű sütőtök palacsinta

Kitermelés: 12 adag

Hozzávalók:

- 1 1/2 csésze zsírmentes tej
- 1 csésze konzerv sütőtök püré
- 1 tojás
- 5 evőkanál barna cukor, osztva
- 2 evőkanál növényi olaj
- 1 teáskanál vanília kivonat
- 1 csésze teljes kiőrlésű liszt
- 1 csésze univerzális liszt
- 2 evőkanál sütőpor
- 1 1/2 teáskanál fahéj, osztva
- 1 teáskanál szegfűbors
- 1/2 teáskanál szerecsendió
- 1/4 teáskanál só
- 3 alma meghámozva és felkockázva

Útvonalak:

a) Keverje össze a tejet, sütőtököt, tojást, 3 evőkanál barna cukrot, olajat és vaníliát egy nagy keverőtálban.

b) Keverje össze a búzalisztet, az univerzális lisztet, a sütőport, 1 teáskanál fahéjat, szegfűborsot, szerecsendiót és sót egy külön medencében.

c) Keverje hozzá a sütőtökös keveréket a száraz Hozzávalókhoz: amíg éppen be nem keveredik, ügyelve arra, hogy ne keverje túl.

d) Egy kis serpenyőben közepes lángon felforrósítunk 3 evőkanál vizet. Dobd bele a felkockázott almát a maradék 2 evőkanál barna cukorral és 1/2 teáskanál fahéjjal. 8-12 percig melegítjük, vagy amíg az alma megpuhul.

e) Az almát levesszük a tűzről, és burgonyanyomóval vagy villával addig törjük, amíg darabos almaszósz nem lesz. Vegye ki az egyenletből.

f) Addig is vonjon be egy tapadásmentes serpenyőt vagy rácsot főzőpermettel, és melegítse fel közepesen magas hőfokra.

g) Palacsintánként öntsön 1/4 csésze palacsintatésztát egy előkészített serpenyőre vagy rácsra.

h) A palacsintákat oldalanként 2-3 percig kell sütni, vagy amíg aranybarna nem lesz.

i) A tetejére párolt almás keverékkel tálaljuk, és már fogyaszthatjuk is!

22. Sárgarépa és burgonya palacsinta

Kitermelés: 6 adag

Hozzávalók:

- 2 nagy rozsda burgonya, meghámozva
- 2 nagy sárgarépa, meghámozva
- 1 kis sárga hagyma, meghámozva
- 4 tojásfehérje, felvert
- 3 evőkanál univerzális liszt
- 1 teáskanál sütőpor
- Tapadásmentes főző spray
- 3/4 csésze cukrozatlan almaszósz, opcionális

Útvonalak:

a) A reszelő nagy oldalával lereszeljük a meghámozott burgonyát, a sárgarépát és a hagymát.

b) A lereszelt zöldségekből a mosogató feletti papírtörlő segítségével nyomkodjuk ki a felesleges vizet.

c) Egy nagy keverőtálban keverjük össze a lecsepegtetett zöldségeket.

d) Keverjük össze a burgonyás keveréket a felvert tojásfehérjével.

e) A lisztet, a sütőport és a sót összekeverjük a burgonyás keverékkel.

f) Permetezzen be egy tapadásmentes serpenyőt főzőpermettel, és melegítse közepes lángon.

g) Dobjon 1/4 csésze gombóc burgonya keveréket a rácsra úgy, hogy az egyes palacsinták között 1 hüvelyk rést hagyjon. 3 percig a sütőben

h) Fordítsuk meg, és süssük még 3 percig a másik oldalon, vagy amíg aranybarna nem lesz. Ismételje meg a burgonyakeverék többi részével.

i) Szolgál.

23. Reggeli Hash csészék

Adagok: 12

Hozzávalók:

- Főző spray
- 3 csésze fagyasztott hash barna, felengedve
- 5 szelet pulyka szalonna
- 1 $\frac{1}{2}$ csésze alacsony koleszterintartalmú tojáspótló
- 1 csésze csökkentett zsírtartalmú reszelt cheddar sajt
- 3 evőkanál zsírmentes margarin
- $\frac{1}{4}$ csésze apróra vágott hagyma
- $\frac{1}{4}$ csésze apróra vágott kaliforniai paprika fekete bors

Útvonalak

a) Melegítsük elő a sütőt 400 Fahrenheit fokra. Használat előtt hagyja a barnákat szobahőmérsékletűre melegedni. Készíts elő egy muffinsütőt főzőpermettel.

b) Készítsd elő a szalonnát. Tálalás előtt hagyjuk kihűlni.

c) Keverje össze a barnát, sót és borsot. 12 muffin csésze, egyenletesen elosztva

d) 15 percig sütjük 400 fokon, vagy amíg enyhén meg nem pirul. Vegye ki az edényt a sütőből.

e) Közben keverjük össze a tojást, a sajtot, a hagymát és a kaliforniai paprikát.

f) Vágja fel a szalonnát, és rétegezze a muffincsészékben lévő hash-barna keverék tetejére.

g) Egyenletesen kanalazd a tojásos keveréket a muffin csészékbe. Melegítsd elő a sütőt 350°F-ra, és süsd 13-15 percig. Szolgál.

24. Sajtos növényi frittata

Adagok: 6

Hozzávalók:

- 6 nagy tojás
- 2 evőkanál teljes kiőrlésű liszt
- 1 teáskanál fekete bors
- 1 közepes hagyma, fél hüvelykes darabokra vágva
- 1 csésze friss vagy fagyasztott spenót ½ hüvelykes darabokra vágva
- 1 csésze piros és/vagy zöld kaliforniai paprika ½ hüvelykes darabokra vágva
- 1 csésze friss gomba, szeletelve
- 1 gerezd fokhagyma, finomra vágva
- 2 evőkanál friss bazsalikomlevél
- ⅓ csésze sovány mozzarella sajt, felaprítva
- Főző spray

Útvonalak

a) Melegítse elő a sütőt (hagyományos vagy kenyérpirítós sütőt), hogy megsüljön.

b) Egy nagy keverőtálban verjük habosra a tojásokat, majd adjuk hozzá a teljes kiőrlésű lisztet, a fekete borsot és a sütőport.

c) Egy nehéz serpenyőt sütőálló fogantyúval vonjunk be főzőpermettel, és melegítsük közepes lángon.

d) Hozzáadjuk a hagymát, és puhára pároljuk, majd hozzáadjuk a spenótot, a kaliforniai paprikát és a gombát, és további 2-3 percig pároljuk.

e) A fokhagyma és a bazsalikom hozzáadása után 1 percig főzzük. Folyamatosan keverje meg őket, hogy ne égjenek le.

f) Öntsük a tojásos keveréket a serpenyőbe, és keverjük össze a zöldségekkel.

g) 5-6 percig főzzük, vagy amíg a tojásos keverék az aljára meg nem áll, és a tetejére kezd.

h) Hozzáadjuk a reszelt sajtot, és a kanál hátával óvatosan a tojások alá nyomkodjuk, nehogy megégjen a sütőben.

i) Melegítsük elő a sütőt, és süssük 3-4 percig, vagy amíg aranybarna és bolyhos nem lesz.

j) Kivesszük a serpenyőből, és 6 részre vágjuk.

25. Black Bean Brownie Bites

Kitermelés: 16 adag

Hozzávalók:

- 3/4 csésze alacsony nátriumtartalmú feketebab, lecsepegtetve
- 1/4 csésze cukrozatlan almaszósz
- 1/4 csésze repceolaj
- 2 nagy tojásfehérje
- 1 nagy tojás
- 1/2 csésze csomagolt barna cukor
- 1 teáskanál vanília kivonat
- 1/4 csésze cukrozatlan kakaópor
- 1/3 csésze teljes kiőrlésű liszt
- 1/2 teáskanál sütőpor
- 1/2 teáskanál só
- 1/2 csésze félédes csokoládé chips

Útvonalak:

a) Melegítse elő a sütőt 350 Fahrenheit-fokra.

b) A fekete babot, az almaszószt és a repceolajat turmixgépben simára turmixoljuk. A tojásfehérjét, a tojást, a cukrot és a vaníliát egy nagy keverőtálba tesszük, és habverővel beledolgozzuk.

c) Egy külön tálban keverjük össze a kakaóport, a lisztet, a sütőport és a sót.

d) A lisztes keveréket keverjük a feketebab keverékhez, amíg a tészta sima nem lesz. A csokoládédarabokat bele kell hajtani.

e) Melegítsük elő a sütőt 350°F-ra, és süssük 20-25 percig, vagy amíg a közepébe szúrt kés tisztán ki nem jön.

f) Hagyja teljesen kihűlni, mielőtt 16 falatra vágja és tálalja!

26.   Firenzei édesburgonya

Kitermelés: 4 adag

Hozzávalók:

- 4 közepes édesburgonya
- 2, 10 uncia csomag spenót
- 1 evőkanál olívaolaj
- 1 medvehagyma, darálva
- 2 gerezd fokhagyma, felaprítva
- 6 szárított paradicsom kockára vágva
- 1/4 teáskanál só
- 1/4 teáskanál fekete bors
- 1/4 teáskanál pirospaprika pehely
- 1/2 csésze részben sovány ricotta sajt

Útvonalak:

a) Melegítsük elő a sütőt 400 Fahrenheit fokra.

b) Az édesburgonyát villával megszúrva, előkészített tepsire helyezzük.

c) 45-60 percig sütjük, vagy amíg a burgonya megpuhul. Hagyjon időt a lehűlésre.

d) A burgonyát késsel a közepén kettévágjuk, a burgonya húsát villával felpörgetjük, majd félretesszük.

e) Egy nagy serpenyőben közepes lángon hevítsük fel az olajat. 2-3 percig főzzük, vagy amíg a medvehagyma megpuhul.

f) Főzzük további 30 másodpercig, vagy amíg a fokhagyma aromás lesz.

g) Egy nagy keverőtálban keverjük össze a lecsepegtetett spenótot, paradicsomot, sót, fekete borsot és pirospaprika pelyhet. Főzzük még 2 percig.

h) Levesszük a tűzről és félretesszük hűlni.

i) A ricotta sajtot belekeverjük a spenótos keverékbe.

j) A feldarabolt édesburgonya tetejére tálaljuk a spenótos keveréket. Élvezd!

27.   Sárgarépa Muffin Topok

Kitermelés: 24 adag

Hozzávalók:

- 2 1/4 csésze régimódi zab
- 1 csésze teljes kiőrlésű liszt
- 1/2 csésze őrölt lenmag
- 2 teáskanál fahéj
- 1/2 teáskanál szerecsendió
- 1/2 teáskanál szódabikarbóna
- 1/2 teáskanál só
- 1 csésze cukrozatlan almaszósz
- 1/2 csésze méz vagy tiszta juharszirup
- 1 nagy tojás
- 2 teáskanál vanília kivonat
- 1/4 csésze sózatlan vaj, olvasztott
- 2 közepes sárgarépa, lereszelve
- 1 nagy alma, lereszelve

Útvonalak:

a) Melegítse elő a sütőt 350 Fahrenheit-fokra.

b) Két tepsit kibéleLünk sütőpapírral.

c) Keverje össze a zabot, a lisztet, a lenmagot, a fahéjat, a szerecsendiót, a szódabikarbónát és a sót egy nagy keverőtálban.

d) Keverje össze az almaszószt, a mézet, a tojást és a vaníliakivonatot egy közepes keverőmedencében. A vajat felolvasztjuk és a keverékhez adjuk.

e) Keverje össze a nedves és száraz összetevőket. Egy nagy keverőtálban keverje össze a reszelt sárgarépát és az almát.

f) A tésztát az előkészített tepsire kanalazzuk, és 1/4 csésze mértékkel elsimítjuk.

g) 14-15 percig sütjük, vagy amíg enyhén megpirul és megdermed. Tálalás előtt hagyjuk kihűlni.

28. Miniatűr pekándió torták

Kitermelés: 15 adag

Hozzávalók:

- 1 evőkanál vaj, olvasztott
- 1 nagy tojás
- 4 teáskanál barna cukor
- 2 evőkanál méz
- 1/4 teáskanál vanília kivonat
- 1/2 csésze pekándió, apróra vágva
- 15 mini phyllo kagyló

Útvonalak:

a) Melegítse elő a sütőt 350 Fahrenheit-fokra.

b) Egy közepes keverőtálban adjunk hozzá minden hozzávalót, kivéve a pekándiót és a filohéjat, és alaposan keverjük össze. Adjuk hozzá az apróra vágott pekándiót, és jól keverjük össze.

c) A kis pitehéjakat egy tepsire egyenletes rétegben helyezzük. Töltsön félig minden héjat pekándió keverékkel. Ha bármilyen keverék megmarad, egyenletesen oszlassa el az összes héj között.

d) 10-15 percig sütjük. Tálalás előtt hagyjuk kihűlni.

29.   Kakaós hajtorta

Adagok: 12

Hozzávalók:

- ¾ csésze liszt, szitálva
- ¼ csésze kakaó
- ¼ csésze cukor
- 10 tojásfehérje
- 1 teáskanál tartárkrém
- 1 csésze cukor

Útvonalak

a) Melegítse elő a sütőt 350 Fahrenheit-fokra.

b) Szitáljuk össze a lisztet, a kakaót és a 14 csésze cukrot.

c) A tojásfehérjét egy külön tálban verjük habosra. A tartár tejszínt kemény habbá verjük, de nem száraz. Egyszerre 1 evőkanálnyit, keverjük bele a pohár cukrot.

d) Keverjük hozzá a vanília kivonatot. A tésztára szitált lisztkeverékből pici mennyiséget adunk hozzá. Addig ismételjük, amíg az összes lisztkeveréket el nem használjuk.

e) Öntse a masszát egy 9 hüvelykes, olajozott, tubusos tepsibe, és süsse 45 percig.

f) A kihűléshez fordítsa meg a tepsit, és a sütőből kivéve a süteményt fejjel lefelé akassza fel körülbelül 12 órára.

30. Túrós túrótorta

Adagok: 8

Hozzávalók kéreghez

- ¼ csésze kemény margarin
- 1 csésze zsírszegény graham keksz morzsa
- 2 evőkanál fehér cukor
- ¼ evőkanál fahéj

Hozzávalók a tortához

- 2 csésze zsírszegény túró, pürésítve
- 2 tojás
- 3 evőkanál univerzális liszt
- 1 teáskanál vanília kivonat
- ⅔ csésze fehér cukor VAGY ⅓ csésze cukorkeverék

Útvonalak

a) Melegítse elő a sütőt 325 Fahrenheit-fokra.

b) A vajat felolvasztjuk. Keverje össze a graham keksz morzsákat, a cukrot és a fahéjat egy keverőtálban. Tölts meg félig a tésztával egy 10 hüvelykes rugós formát.

c) A túrót aprítógépben turmixoljuk össze.

d) A tejet, a tojást, a lisztet, a vaníliát és a cukrot jól összekeverjük. Öntsük a keveréket a pite héjába.

e) 60 percig sütjük a sütőben. Tálalás előtt hagyja teljesen kihűlni.

31. Microgreen töltött tojás

ADAGOLÁSOK 9

Hozzávalók

- 9 tojás
- 1/4 csésze majonéz
- 2 evőkanál puha tofu
- csipet só
- 2 evőkanál apróra vágott retek mikrozöld
- 3 teáskanál elkészített mustár
- 2 szeletelt friss retek választható

Útvonalak

- A tojásokat keményre főzzük, amíg készen nem állnak – 9-11 perc
- A tojásokat meghámozzuk, és óvatosan félbevágjuk.
- Távolítsa el a sárga közepét, és helyezze őket egy kis tálba. Adjuk hozzá a többi hozzávalót (kivéve a szeletelt retket), és jól keverjük össze.
- A tölteléket visszakanalazzuk a tojásba, a tetejére pedig egy szelet friss retket és néhány mikrozöld ágat teszünk.

32. Borsó lő palacsinta

Hozzávalók

- 3 nagy bio tojás
- 1 csésze túró
- 2 evőkanál extra szűz olívaolaj
- 1/2 csésze garbanzo bab (csicseriborsó) liszt
- 1 gerezd fokhagyma, felaprítva
- 2 teáskanál citromhéj
- 1/2 teáskanál só
- 1 csésze apróra vágott borsóhajtás
- 3 evőkanál apróra vágott metélőhagyma

Útvonalak

a) Aprítógépben vagy turmixgépben keverje össze a tojást, a túrót, az olajat, a lisztet, a fokhagymát, a citromhéjat és a sót. Hüvelyes borsóhajtásban és metélőhagymában.

b) Az enyhén zsírozott serpenyőt közepes lángon felhevítjük.

c) Tételekben dolgozva 1/4 csészével adagoljuk a tésztát a serpenyőbe, és addig sütjük a palacsintákat, amíg buborékok nem képződnek a tetején, körülbelül 2-3 percig.

d) Fordítsa meg és süsse addig, amíg a palacsinta alja megpirul, a közepe pedig éppen át nem sül, körülbelül 1 perccel tovább.

e) Hagyja kihűlni a palacsintákat fémrácson, amíg elkészíti a maradék tésztát.

33.   Egg White és Microgreens Omlett

Hozzávalók

- 2 tojásfehérje
- Csipetnyi sót és borsot
- 2 teáskanál Tej
- Főző spray

Útvonalak

a) Keverj össze két tojásfehérjét és 2 teáskanál tejet.

b) Tegye a keveréket egy serpenyőbe egy könnyű főzőpermettel, és főzze közepes vagy alacsony lángon.

c) Sózzuk és borsozzuk a tojást főzés közben, majd fordítsuk meg, amikor az alja megfőtt.

d) Ha a másik oldala is elkészült, tányérra tesszük, megtöltjük szeletelt avokádóval, morzsolt kecskesajttal és némi friss mikrozölddel, majd félbehajtjuk.

34. Pinon (marha útifű omlett)

Kitermelés: 4 adag

Hozzávaló

- 3 Nagyon érett útifű
- Olaj a sütéshez
- 1 hagyma; apróra vágva
- ½ zöldpaprika; apróra vágva
- 2 gerezd fokhagyma
- ½ kiló darált marhahús (általában kihagyom)
- ¼ csésze paradicsomszósz
- 1 evőkanál kapribogyó
- 1 evőkanál szeletelt zöld olajbogyó (elhagyható)
- Só, bors
- ½ font zöldbab; frissen vagy fagyasztva, 3 hüvelykes darabokra vágva
- 6 tojás
- ¼ csésze vaj

Útvonalak

a) Az útifűféléket meghámozzuk, hosszában 2 cm vastag szeletekre vágjuk, és olajon aranybarnára sütjük. Kivesszük, lecsepegtetjük és melegen tartjuk. Egy serpenyőben a hagymát, a zöldpaprikát és a fokhagymát puhára, de nem barnára pároljuk.

b) Adjuk hozzá a darált marhahúst, és nagy lángon pirítsuk 3 percig. Öntsük hozzá a paradicsomszószt, és ha szükséges, adjuk hozzá a kapribogyót és az olajbogyót. 15 percig főzzük közepes lángon, időnként megkeverve. Ízlés szerint sózzuk, borsozzuk. A babot megmossuk és puhára pároljuk. A tojásokat felverjük, ízlés szerint sózzuk, borsozzuk.

c) Vajazzuk ki egy kerek tepsi oldalát és alját, majd olvasszuk meg az aljában a maradék vajat. Beleöntjük a felvert tojás felét, és közepes lángon kb. 1 percig főzzük, amíg kissé megpuhul. Fedjük be a tojásokat az útifű szeletek egyharmadával, majd a darált hús felével és a bab felével. Adjunk hozzá még egy réteg útifűszert, a maradék darált marhahúst, egy újabb réteg babot, és tegyük a tetejére útifűszert. A tetejére öntjük a többi felvert tojást. Lassú tűzön 15 percig, fedő nélkül főzzük, vigyázva, hogy az omlett meg ne égjen.

d) Ezután tegyük 350 fokra előmelegített sütőbe 10-15 percre, hogy a teteje megpiruljon.

e) Rizzsel és babbal tálaljuk. Kiváló ebédre.

35. Puerto Ricó-i rizses zsemle

Hozam: 24 zsemle

Hozzávaló

- 2 csésze tej
- 2 uncia vaj
- ¾ teáskanál só
- 2 csésze Nagyon finom rizspehely
- 2 teáskanál Sütőpor
- 3 tojás
- ½ font Enyhe fehér sajt
- Sertészsír vagy növényi olaj mély sütéshez

Útvonalak

a) Egy serpenyőben melegítsük forrásig, Hozzávalók az "A" és vegyük le a tűzről.

b) Keverjük össze a rizst és a sütőport, és keverjük össze a tartalommal egy serpenyőben. Egyenként hozzáadjuk a tojásokat és összekeverjük.

c) Mérsékelt lángon, fakanállal folyamatosan kevergetve addig főzzük, amíg a keverék elválik a serpenyő oldalától és aljától.

d) Vegyük le a tűzről. A sajtot villával pépesítjük és hozzáadjuk. Keverjük össze alaposan.

e) Csepegtesse a keveréket kanállal a 375 F-ra melegített zsírba, amíg barna nem lesz. Vegye ki és nedvszívó papíron csepegtesse le.

36. Flan de queso de Puerto Rico

Kitermelés: 4 adag

Hozzávaló

- 4 nagy tojás
- 1 doboz (14 oz) sűrített tej; Édesítve
- 1 doboz (12 oz.) elpárologtatott tej
- 6 uncia krémsajt
- 1 teáskanál vanília kivonat

Útvonalak

a) Keverjük össze a tojást, a tejet és a vaníliát.

b) A krémsajtot megpuhítjuk és a többi hozzávalóval összekeverjük. Ügyeljen arra, hogy ne keverje túl a krémsajtot, különben légzsákok keletkeznek a peremben.

c) Karamellt készítünk úgy, hogy $\frac{1}{2}$ csésze cukrot kis lángon addig főzünk, amíg a cukor elfolyósodik. Ehhez használjon fém edényt.

d) Csak annyi karamellt forgassunk a tepsibe/ramekinbe, hogy ellepje az alját.

e) Ha a cukor kemény, öntse az 1. és 2. lépés szerint elkészített tésztát a serpenyőbe.

f) tegyük a serpenyőt/ramekin egy bain-marie-ba. A serpenyőt/ramekint, amelyben az összetevők vannak, $\frac{3}{4}$-ig vízbe kell meríteni.

g) Süssük 325 Fahrenheit fokon körülbelül fél órán keresztül. A perem akkor kész, amikor a beleszúrt kés/fogpiszkáló tisztán kijön.

37.   Puerto Rico húsos cipó

Kitermelés: 1 adag

Hozzávaló

- 1 kiló Darált hús
- 1 tojás
- 1 kis apróra vágott hagyma
- Fokhagyma só
- Petrezselyem
- ½ csésze zsemlemorzsa
- ½ csésze tej
- 1 evőkanál mustár
- 2 marhahúsleves kocka
- 1 evőkanál Worcestershire szósz
- 5 sárgarépa, de hosszában
- 1 doboz Paradicsomlé
- 2 közepes burgonya

Útvonalak

a) Keverje össze a darált húst, a tojást, a hagymát, a fokhagymás sót, a parleyt, a zsemlemorzsát, a tejet és a mustárt.

b) Fűszeres, paprikás lisztbe forgatjuk, sózzuk, borsozzuk. Villanyserpenyőben megpirítjuk, minden oldalát megpirítjuk. Adjuk hozzá a húsleveskockákat, a Worcestershire szószt, a sárgarépát, a paradicsomlevet és a burgonyát.

c) Főzzük az egészet a hússal együtt körülbelül 1 óra 15 percig, vagy amíg jól megpuhul.

38. Füstölt hallal töltött avokádó

Kitermelés: 4 adag

Hozzávaló

- 4 keményre főtt tojás
- ¼ csésze tej
- ¼ csésze átszűrt friss limelé
- ¼ teáskanál cukor
- ½ teáskanál Só
- ⅓ csésze növényi olaj
- 2 evőkanál olívaolaj
- ½ kiló Füstölt fehér hal
- 2 nagy érett avokádó
- 12 csík friss piros kaliforniai paprika

Útvonalak

a) Egy mély tálban keverjük össze a tojássárgáját és a tejet egy kanállal vagy asztali villával, amíg sima masszát nem kapunk. Adjunk hozzá 1 evőkanál lime levét, a cukrot és a sót.

b) Ezután egy-egy teáskanálnyit a növényi olajba verjük; győződjön meg róla, hogy minden adag felszívódik, mielőtt további adagokat adna hozzá. Folyamatos keverés mellett teáskanálonként hozzáadjuk az olívaolajat. A maradék lime levét belekeverjük a szószba, és ízesítjük.

c) A halat egy tálba tesszük, és villával finomra pucoljuk. Hozzáadjuk a felaprított tojásfehérjét és a szószt, majd óvatosan, de alaposan összeforgatjuk.

d) A halkeveréket kanalazzuk az avokádó felébe

39. Sült tojás füstölt lazaccal

Kitermelés: 2 adag

Hozzávaló

- 2 evőkanál vaj
- 3 evőkanál puha zsemlemorzsa
- 2 tojás
- 1 gerezd fokhagyma; darált
- 2 uncia krémsajt
- 2 uncia füstölt lazac; szeletelt
- 2 uncia Sharp cheddar sajt; lereszelve
- 1 paradicsom; vastagon szeletelve

Útvonalak

a) Vajas rakott ételek. Mindegyik aljára és oldalára nyomjon 2-3 teáskanál zsemlemorzsát. Keverje össze a maradék morzsát 1 T. vajjal, tartalék. Minden edénybe törj fel egy tojást. A fokhagymát krémsajttal pépesítjük, és óvatosan rákenjük a tojásra. Hozzáadjuk a füstölt lazacot, szükség szerint hosszú csíkokat hajtogatunk.

b) A lazacra szórjuk a reszelt cheddart. Minden edényre tegyünk 1 zsíros paradicsomszeletet. A zsemlemorzsa felét morzsoljuk rá minden edényre, és süssük 350 fokos sütőben 8-15 percig, majd süssük 2-3 percig, amíg a teteje megpirul és enyhén ropogós lesz. Egyszerre tálaljuk.

40. Buggyantott tojás és füstölt lazac

Kitermelés: 4 adag

Hozzávaló

- ½ csésze tejföl
- 3 evőkanál vágott metélőhagyma
- 2 evőkanál fehérbor
- só; megkóstolni
- frissen őrölt fekete bors; megkóstolni
- 4 nagy tojás
- 4 nagy éppen sült krumpli
- 4 uncia füstölt lazac; julienned
- 1 vágott metélőhagyma
- 1 apróra vágott lilahagyma kaviár

Útvonalak

a) Egy kis tálban keverjük össze a tejfölt, a metélőhagymát és a fehérbort; ízlés szerint sóval, borssal ízesítjük. Félretesz, mellőz. Egy sekély serpenyőben vagy serpenyőben forraljuk fel 2 hüvelyk hideg vizet és ecetet közepes lángon.

b) Csökkentse a hőt, amíg a víz finoman fel nem forr. Törje fel a tojásokat egyenként egy ramekin- vagy kávéscsészébe. A ramekint a lehető legközelebb tartva a vízhez, óvatosan csúsztassa a tojást a vízbe. A tojásokat buggyantjuk 3 percig nagyon puhára, 5 percig közepesen lágyra.

c) Egy lyukas kanál segítségével kanalazzuk ki a tojásokat. Ha szükséges, óvatosan törölje szárazra papírtörlővel. A sült burgonya tetejét felszeleteljük és kinyomkodjuk. A tetejét megkenjük a tojással és a lazaccsíkokkal. Egy kinyomható palack vagy egy teáskanál segítségével csorgassuk a tejfölös szószt a lazacra és a burgonya köré.

d) Díszítsük metélőhagymával, hagymával és kaviárral, és azonnal tálaljuk.

41.   Tartósított tojássárgája

Hozzávalók

- 1½ csésze cukor
- 1½ csésze kóser só
- 8 tojás

Útvonalak

a) Keverjen össze 1 csésze cukrot és 1 csésze sót egy 8 hüvelykes, négyzet alakú serpenyő vagy edény aljában, amely akkora, hogy nyolc tojássárgáját érintés nélkül elférjen benne.

b) Egy leveses kanál hátuljával alakítson ki nyolc egyenletesen elhelyezkedő mélyedést a só- és cukorkúrában. Ne áss túl mélyre; azt szeretné, hogy a sárgája aljának minden része hozzáérjen a cukorhoz és a sóhoz.

c) Egy külön edényben válasszunk egy tojást. Óvatosan vigye át a tojássárgáját az egyik mélyedésbe, és tartsa fenn a tojásfehérjét egy másik felhasználásra. Kövesse a példát a többi tojással, egyenként. Nem baj, ha véletlenül eltöröd a sárgáját, de a legjobb, ha érintetlenül hagyod.

d) Óvatosan öntse a maradék ½ csésze cukrot és ½ csésze sót a sárgájára, hogy kis halmokat formázzon. Ügyeljen arra, hogy a sárgáját teljesen befedje.

e) Fedje le az edényt vagy edényt szoros fedéllel vagy műanyag fóliával. Óvatosan tedd a hűtőbe, és hagyd 4 napig dermedni a sárgáját.

f) Helyezzen rácsot egy sütőlapra. Helyezze a sárgáját a rácsra, majd tolja be a tepsit a sütőbe. Hagyja megszáradni, és 35 percig fejezze be a kötést. A sárgája most használatra kész.

42. Sóval sózott tojás

Hozzávalók

- 6 tojás
- ¾ csésze kóser só
- 3 csésze víz

Útvonalak

a) Helyezzen egy 3 literes (vagy nagyobb) fedős edényt egy stabil felületre hűvös, távol a közvetlen napfénytől védett helyre. Óvatosan helyezze az egész tojást a tartályba, ügyelve arra, hogy menet közben ne törje el őket.

b) Keverje össze a sót és a vizet egy kancsóban, és keverje addig, amíg zavaros sóoldatot nem kap. Óvatosan öntse a sóoldatot a tojásokra, hogy teljesen ellepje.

c) Hagyja a tojásokat legalább 5 hétig a sós lében állni. 12 hét elteltével túl sósak lesznek ahhoz, hogy élvezzék. Nem lesz vizuális változás a tojásokban.

d) A tojás főzéséhez tegyen egy kis serpenyőt a tűzhely tetejére. Óvatosan vegye ki a tojásokat a sós léből, és óvatosan helyezze őket az edény aljába

e) Öntsön egy kancsó friss vizet a tojásokra, hogy teljesen ellepje. Fedjük le az edényt, és nagy lángon főzzük, amíg a víz gyorsan fel nem forr. Kapcsolja ki a hőt, tartsa lefedve az edényt, és állítson be egy időzítőt 6 percre.

f) Ha lejár az idő, azonnal csepegtessük le a tojásokat, majd hűtsük le hideg víz alatt, amíg kellően kihűl a kezeléshez. Azonnal használd fel, vagy tedd hűtőbe legfeljebb 1 hétig.

g) Tálaláskor óvatosan megforgatjuk a tojást, hogy a héja mindenhol megrepedjen. Hámozzuk meg a tojást. A fehér megköt, de puha, a sárgája pedig nagyon kemény és fényes lesz. A tojásokat egészben fogyasztjuk, hosszában kettévágjuk, vagy feldaraboljuk.

43. Füstös szójaszószos tojás

Hozzávaló

- 6 tojás
- 1½ csésze víz
- 1 csésze szójaszósz
- 2 evőkanál rizsecet
- 2 evőkanál cukor
- 4 teáskanál lapang souchong tea teazacskóban vagy teagolyóban a könnyű eltávolítás érdekében

Útvonalak

1. Óvatosan helyezze a tojásokat egy rétegben egy közepes serpenyőbe, és fedje le 2 hüvelyk vízzel. Fedjük le az edényt, és nagy lángon főzzük, amíg a víz gyorsan fel nem forr. Kapcsolja ki a hőt, tartsa lefedve az edényt, és állítson be egy időzítőt 6 percre. Ha lejár az idő, azonnal csepegtessük le a tojásokat, majd hűtsük le hideg víz alatt, amíg kellően kihűl a kezeléshez.

2. Tegye vissza a serpenyőt a tűzhelyre, és adja hozzá a vizet, a szójaszószt, az ecetet, a cukrot és a teát. Ezt a sóoldatot felforraljuk, kevergetve, hogy a cukor feloldódjon. Kapcsolja ki a hőt, és fedje le a sóoldatot, hogy melegen tartsa.

3. Ezalatt törje fel a tojáshéjat, hogy márványos kinézetű tojást kapjon, vagy húzza le teljesen a héját a sima megjelenés és a szójaszósz ízesebb íze érdekében. A tojáshéj feltöréséhez finoman ütögesse a tetejét és az alját a munkalaphoz, majd görgessen az oldalára. Ha teljesen megpucolja a tojásokat, a

legjobb eredmény elérése érdekében kezdje el a tojások hámozását a nagy, kerek tetejéről, ahol észrevesz egy kis helyet a héj alatt.

4. Helyezze a feltört vagy hámozott tojásokat egy 1,5 literes befőttes üvegbe. Dobja ki a teát, és öntse a sóoldatot a tojásokra, hogy teljesen elmerüljön. Ha a tojás lebeg, súlyozza le őket egy vízzel teli kis cipzáras zacskóval.

5. Fedjük le a tojásokat, és tegyük hűtőbe legalább 6 órára, hogy átvegyék a sós víz ízét.

44. Curry ecetes tojás

Hozzávaló

- 6 tojás
- 2 evőkanál köménymag
- 2 teáskanál őrölt koriander
- 1½ csésze víz
- 1 csésze almaecet
- 3 gerezd fokhagyma, összetörve és meghámozva
- 3 vékony szelet friss gyömbér
- 2 teáskanál őrölt kurkuma
- 2 teáskanál szemes fekete bors
- 2 teáskanál kóser só

Útvonalak

a) Óvatosan helyezze a tojásokat egy rétegben egy közepes serpenyőbe, és fedje le 2 hüvelyk vízzel. Fedjük le az edényt, és nagy lángon főzzük, amíg a víz gyorsan fel nem forr. Kapcsolja ki a hőt, tartsa lefedve az edényt, és állítson be egy időzítőt 6 percre.

b) Hozzáadjuk a köményt és a koriandert, és közepes lángon, gyakran kevergetve pirítjuk, amíg illatos lesz, körülbelül 2 és fél percig. Azonnal adjunk hozzá $1\frac{1}{2}$ csésze vizet a főzés leállításához, majd adjuk hozzá az ecetet, a fokhagymát, a gyömbért, a kurkumát, a szemes borsot és a sót. Emelje fel a hőt magasra, és forralja fel a sós vizet.

c) Ezalatt feltörjük a tojáshéjat úgy, hogy a tetejét és az alját finoman a munkalaphoz ütögetjük, majd az oldalára görgetjük.

d) Helyezze a meghámozott tojásokat egy 1,5 literes befőttes üvegbe. Öntse a sós vizet (beleértve a szilárd anyagokat is) a tojásokra, hogy elmerüljenek a sós lében.

e) Fedjük le a tojásokat, és tegyük hűtőbe legalább 4 napra, hogy átvegyék a sós víz ízét.

45. Cékla ecetes tojás

Hozzávaló

- 6 tojás
- 1 nagyon kicsi cékla, meghámozva és negyedelve
- 1 gerezd fokhagyma, összetörve és meghámozva
- 2 teáskanál cukor
- 2 teáskanál kóser só
- 1 teáskanál fekete bors
- ½ teáskanál zellermag
- ½ teáskanál kapormag
- ¼ teáskanál pirospaprika pehely (elhagyható)
- 2 egész szegfűszeg
- 1 kis babérlevél
- 1½ csésze víz
- ¾ csésze almaecet

Útvonalak

a) Óvatosan helyezze a tojásokat egy rétegben egy közepes serpenyőbe, és fedje le 2 hüvelyk vízzel. Fedjük le az edényt, és nagy lángon főzzük, amíg a víz gyorsan fel nem forr. Kapcsolja ki a hőt, tartsa lefedve az edényt, és állítson be egy időzítőt 6 percre.

b) Keverje össze a répát, fokhagymát, cukrot, sót, borsot, zellermagot, kapormagot, paprikapelyhet, szegfűszeget, babérlevelet, vizet és ecetet a serpenyőben, erős lángon. Forraljuk fel ezt a sóoldatot, keverjük, hogy a cukor és a só feloldódjon.

c) Ezalatt törje fel a tojáshéjat úgy, hogy a tetejét és az alját finoman ütögesse a munkalaphoz, majd görgesse az oldalára.

d) Helyezze a meghámozott tojásokat egy 1,5 literes befőttes üvegbe. A meleg sóoldatot ráöntjük a tojásokra

46. Kukorica muffin füstölt pulykával

Hozam: 36 adag

Hozzávaló

- 1½ csésze sárga kukoricadara
- 1 csésze liszt, szitált univerzális
- ⅓ csésze cukor
- 1 evőkanál sütőpor
- 1 teáskanál Só
- 1½ csésze tej
- ¾ csésze vaj, megolvasztva, lehűtve
- 2 tojás, enyhén felverve
- ½ kiló Füstölt pulykamell, vékonyra szeletelve
- ½ csésze áfonya íz vagy mézes mustár

Útvonalak

a) A sütőt előmelegítjük 400 fokra. Vajas mini-muffin formák. Kombinálja a kukoricalisztet, a lisztet, a cukrot, a sütőport és a sót egy nagy tálban. Keverje össze a tejet, a vajat és a tojást egy közepes tálban. Keverje hozzá a tejelegyet a kukoricadara keverékhez, amíg meg nem nedvesedik. Kis muffin formákba kanalazzuk a masszát.

b) 14-16 perc alatt aranysárgára sütjük. Hagyjuk rácson hűlni öt percig. Kivesszük a formákból és hagyjuk teljesen kihűlni.

47.   Füstölt lazac burgonyás palacsintával

Kitermelés: 2 adag

Hozzávaló

- 150 gramm burgonyapüré
- 15 milliliter fehér liszt
- 30 milliliter tej
- 2 tojás, felvert
- Só és frissen őrölt fekete bors
- 1 salátahagyma; finomra vágott
- 100 gramm füstölt lazac vágás
- 1 evőkanál olívaolaj
- 225 gramm enyhén füstölt lazacfilé
- 2 tojás, buggyantott

Útvonalak

a) Keverjük össze a burgonyát, a lisztet, a tejet, a tojást és a fűszereket, hogy sima tésztát kapjunk.

b) Hozzákeverjük a hagymát és a lazac vágását.

c) Melegíts fel egy serpenyőt, adj hozzá egy kevés olajat, és csepegtess bele egy nagy kanálnyi keveréket. A keverékből körülbelül 6-8 palacsintának kell lennie, mindegyik 8 cm (3 hüvelyk) átmérőjű.

d) Mindkét oldalát 1-2 percig sütjük közepes lángon, vagy amíg aranybarna nem lesz. Tedd félre és tartsd melegen.

e) Egy serpenyőben felforrósítjuk az olívaolajat, hozzáadjuk az enyhén füstölt lazacfilé szeleteket, és mindkét oldalát 1 percig sütjük.

48. Sült füstölt lazac és feta sajt

Kitermelés: 2 adag

Hozzávaló

- 3 uncia Füstölt lazac, kockára vágva
- 6 uncia krémsajt, lágyított
- 3 uncia feta sajt
- 1 enyhén felvert tojás
- 1 teáskanál kapribogyó
- 2 evőkanál finomra vágott petrezselyem
- 4 mogyoróhagyma, tetején, felkockázva
- 1 evőkanál mák

Útvonalak

a) Szüksége lesz még 1 fagyasztott péksüteménylapra, 3" x 8"-os téglalapra vágva, és egy kis olvasztott vajra. Melegítsük elő a sütőt 375 fokra. Egy közepes tálban kézzel keverje össze a lazacot, a krémsajtot, a feta sajtot, a tojást, a kapribogyót, a petrezselymet és a mogyoróhagymát. A tésztalapot kinyújtjuk a duplájára.

b) Bőségesen megkenjük olvasztott vajjal. A lazacos keveréket rákenjük a lapra. Feltekerjük, zselés-tekercs módra, a végeit behajtva, hogy lezárjuk. A tekercs tetejét megkenjük olvasztott vajjal, és megszórjuk mákkal. Végezzen ½ hüvelyk mély átlós vágásokat a tekercsen, hogy a gőz távozhasson. Süssük a tekercset 20-30 percig, vagy amíg aranybarna nem lesz. Melegen tálaljuk.

49. Füstölt lazac sajttorta

Kitermelés: 1 adag

Hozzávaló

- 12 uncia krémsajt, lágyított
- ½ font Füstölt lazac vagy Lox
- 3 tojás
- ½ mogyoróhagyma, darálva
- 2 evőkanál kemény tejszín
- 1½ teáskanál citromlé
- csipet só
- csipetnyi Fehér bors
- 2 evőkanál kristálycukor
- ½ csésze natúr joghurt
- ¼ csésze tejföl
- 1 evőkanál citromlé
- ¼ csésze darált metélőhagyma
- Kockára vágott piros és sárga paprika

Útvonalak

a) A turmixgépben a sajtot nagyon puhára verjük. Konyhai robotgépben pépesítsd a lazacot; egyenként hozzáadjuk a tojást és a medvehagymát.

b) Helyezze a lazac keveréket egy tálba; keverjük össze tejszínnel, citromlével, sóval, borssal és cukorral; jól keverjük össze. Forgasd bele a tejszínhabba.

c) Kivajazott 7 vagy 8 hüvelykes rugós formába öntjük. Helyezze a megtöltött serpenyőt nagyobb tepsibe; körbevesz egy kisebb serpenyőt 1 hüvelyk forró vízzel. 25-30 percig sütjük.

d) Közben elkészítjük a szószt.

1.

50. Cheddar pogácsa

Hozam: 8 adag

Hozzávaló

- 4 csésze keksz mix
- 1¼ csésze tej
- 2 tojás
- ¼ csésze vaj; olvasztott
- 2½ csésze finomra reszelt Cheddar sajt
- Füstölt pulyka; vékonyra szeletelve

Útvonalak

a) Keverje össze a keksz keveréket, a tejet, a tojást, a vajat és a sajtot; jól keverjük össze, amíg az összetevők megnedvesednek.

b) Csepegtess evőkanálnyi mennyiséget az enyhén zsírozott tepsire. Melegítse elő a sütőt 400°F-ra; süssük 12-14 percig, vagy amíg aranybarna nem lesz. Vegyük ki a sütőből, és kissé hűtsük le, mielőtt levesszük a tepsiről.

c) A tálaláshoz a pogácsát félbevágjuk, és kis szelet pulykával megtöltjük.

51. Metélőhagymás burgonyás palacsinta

Hozam: 6 adag

Hozzávaló

- 2 font Russet Potatoes; meghámozzuk és felkockázzuk
- 1 közepes hagyma; darabokra vágjuk
- 2 evőkanál Matzo Meal; vagy Univerzális liszt
- 2 tojás; elválasztott
- 4 evőkanál friss metélőhagyma; apróra vágva
- 2 teáskanál Só
- ½ teáskanál fehér bors
- ⅔ csésze kukoricaolaj; sütéshez
- 6 uncia füstölt lazac; vékonyra szeletelve
- 3 uncia Arany Kaviár

Útvonalak

a) A burgonyát és a hagymát robotgépben felaprítjuk. Tegye át a munkatál tartalmát egy nagy tálba.

b) Állítsa be a nagy szűrőt egy közepes tál fölé. Helyezze a burgonya-hagymás keveréket egy szűrőbe, és nyomja meg erősen a folyadékok eltávolításához; tartalék folyadékok.

c) Tegye vissza a burgonya keveréket egy nagy tálba. Keverje hozzá a maceszlisztet, a tojássárgáját, 2 evőkanál metélőhagymát, sót és borsot. Adjunk pasztát a burgonya tésztához. A tojásfehérjét kemény habbá verjük, de nem szárazra; tésztába forgatjuk.

d) Mindkét nagy serpenyőben $\frac{1}{2}$ csésze olajat melegítsen közepes-magas lángon. Palacsintánként 1 púpozott evőkanál burgonya tésztát csepegtess forró olajba; mindegyiket 3 hüvelyk átmérőjűre szétterítjük. A palacsintákat addig sütjük, amíg az alja barna nem lesz

52. Kukorica és füstölt pulyka puding

Kitermelés: 4 adag

Hozzávaló

- 2 evőkanál vaj
- $\frac{1}{2}$ csésze finomra vágott hagyma
- 1 csésze finomra vágott piros kaliforniai paprika
- 1 evőkanál csirkehúslevesben feloldott kukoricakeményítő
- 1 csésze könnyű krém
- 4 tojás, szétválasztva
- 1 teáskanál dijoni mustár
- 2 csésze felengedett fagyasztott kukoricaszem
- 1 csésze aprított füstölt pulyka
- Só és frissen őrölt fekete bors

Útvonalak

1. Egy 9 hüvelykes serpenyőben felhevítjük a vajat. A hagymát és a paprikát puhára főzzük, a hagyma pedig picit megbarnul.

2. Amikor kihűlt, tedd át egy keverőtálba, és add hozzá a kukoricakeményítőt, a tejszínt, a tojássárgákat és a mustárt. Jól keverjük össze.

3. A kukoricát és a pulykát beleforgatjuk a tojásos keverékbe. Sózzuk, borsozzuk. A tojásfehérjéket kemény habbá verjük, de nem lesz száraz, majd a tojássárgás keverékhez keverjük.

4. Tegyük a kivajazott tepsibe, és süssük 35-40 percig, vagy amíg barna és puffadt nem lesz.

5. Köretként szeletelt, érett paradicsommal és vinaigrette-vel tálaljuk.

53. Krémes füstölt lazac és kapros torta

Hozam: 6 adag

Hozzávaló

- 5 Lap phyllo - felengedve
- 3 evőkanál sótlan vaj - olvasztott
- 4 nagy tojássárgája
- 1 evőkanál dijoni mustár - PLUSZ 1 teáskanál
- 3 nagy tojás
- 1 csésze fele és fele
- 1 csésze tejszínhab
- 6 uncia Füstölt lazac - apróra vágva
- 4 zöldhagyma - apróra vágva
- ¼ csésze kapor

Útvonalak

1. Bőségesen vajas, 9-½ hüvelyk átmérőjű mélyedényes pitelap. Helyezzen 1 phyllo lapot a munkafelületre. A filolapot megkenjük vajjal, és hosszában félbehajtjuk.

2. A hajtott felületet kenjük meg vajjal. Vágjuk félbe keresztben. Helyezzen 1 filotéglalapot kivajazott oldalával lefelé az előkészített pitelapba. Kenje meg vajjal a phyllo tetejét a pitelapban. Helyezze a második filotéglalapot a pitelapba, fedje le az alját, és hagyja, hogy a tészta ½ hüvelykkel túlnyúljon egy másik szélén; megkenjük vajjal.

3. Melegítse elő a sütőt 350 F-ra. A sárgáját és a mustárt egy közepes tálban habosra keverjük. Hozzákeverjük a fele-fele tojást, a tejszínt, a lazacot, a hagymát és az apróra vágott kaprot. Ízlés szerint sózzuk, borsozzuk. Öntsük az előkészített héjba.

4. Süssük addig, amíg a közepe meg nem áll, körülbelül 50 percig. Áthelyezés állványra. Menő.

5. Díszítsük kaporgal, és enyhén melegen vagy szobahőmérsékleten tálaljuk

54. Latkes füstölt lazaccal

Kitermelés: 1 adag

Hozzávaló

- 2 kiló Burgonya, meghámozva
- 1 tojás
- 2 evőkanál Liszt
- ½ teáskanál Só
- Ízlés szerint őrölt bors
- 2 uncia Füstölt lazac, darálva
- 1 csésze zöldhagyma, apróra vágva
- 3 evőkanál Növényi olaj
- Füstölt lazac Latkes

Útvonalak

1. A burgonyát lereszeljük, és kézzel préseljük ki a lehető legtöbb levet.

2. Helyezze a burgonyát egy nagy keverőtálba, adjon hozzá lisztet, sót és borsot; jól keverjük össze.

3. Adjuk hozzá a füstölt lazacot és a zöldhagymát, keverjük össze

4. Öntsön 1 evőkanál. olajat egy nagy, tűzálló tepsibe, lapos oldalakkal; olajjal kenjük az alját.

5. Tegyen egy nagy evőkanál burgonya keveréket fél hüvelyk távolságra a kivajazott edénybe, enyhén lapítsa el.

6. Süssük a sütőben körülbelül 8 percig, vagy amíg a latkes aranybarna nem lesz.

55. Juharos-fahéjas zabpelyhes palacsinta

Hozzávalók

- 1½ csésze régimódi hengerelt zab
- ½ csésze teljes kiőrlésű liszt
- 1 teáskanál őrölt fahéj
- 1 teáskanál sütőpor
- 2 csésze zsírszegény író
- 2 evőkanál juharszirup
- 1 tojás
- Főző spray

Útvonalak

1. Egy közepes keverőtálban keverjük össze a zabot, a lisztet, a fahéjat és a sütőport.

2. Egy nagy keverőtálban keverje össze az írót, a juharszirupot és a tojást.

3. Adja hozzá a száraz keveréket a nedves keverékhez 2 vagy 3 adagban, minden hozzáadás után alaposan keverje össze. Hagyja állni 10-15 percig, amíg a keverék habos lesz.

4. Permetezzen be egy tapadásmentes serpenyőt főzőpermettel, és melegítse közepes lángon. A tésztát kanalazzuk a serpenyőbe, körülbelül ¼ csészével minden palacsintához, és főzzük 2-3 percig, amíg buborékok jelennek meg a felületen. Fordítsa meg, és süsse tovább 1-2 percig, amíg minden palacsinta a másik oldala megpirul.

56. Svájci mángold és Quinoa Frittata

6. SZOLGÁLT

Hozzávaló

- Főző spray
- ⅓ csésze fűszerezetlen zsemlemorzsa
- 1 evőkanál olívaolaj
- 1 közepes hagyma, felkockázva
- 2 gerezd fokhagyma, felaprítva
- 1 kilós svájci mángoldlevél, kemény középső szár eltávolítva és levelei vékonyra szeletelve
- 1 evőkanál darált friss kakukkfű
- ¼ teáskanál pirospaprika pehely
- 1 csésze quinoa, főtt
- 1 csésze részben sovány ricotta sajt
- ¼ teáskanál frissen őrölt bors
- 2 tojás, enyhén felverve

Útvonalak

1. Melegítse elő a sütőt 350 °F-ra.

2. Permetezzen be egy 8 x 8 hüvelykes sütőedényt főzőpermettel, és vonja be zsemlemorzsával.

3. Melegítsük fel az olajat egy nagy serpenyőben közepesen magas lángon. Adjuk hozzá a hagymát és a fokhagymát, és főzzük gyakran kevergetve, amíg megpuhul, körülbelül 5 percig.

4. Adjuk hozzá a mángoldot, és főzzük további 3-4 percig, gyakran kevergetve, amíg a zöldek megfonnyadnak. Belekeverjük a kakukkfüvet és a pirospaprika pelyhet.

5. Vegye le a serpenyőt a tűzről, és tegye át a mángold keveréket egy közepes keverőtálba.

6. Keverje hozzá a főtt quinoát, a sajtot, a borsot és a tojást a mángold keverékhez. Öntse a keveréket az előkészített tepsibe, és süssük a sütőben körülbelül 1 órán keresztül, amíg a széle éppen barnulni nem kezd, és a közepe megszilárdul.

7. Hagyja hűlni a frittatát néhány percig, mielőtt négyzetekre vágja. Melegen vagy szobahőmérsékleten tálaljuk.

57. Fűszeres sült tojás kecskesajttal

SZOLGÁLT 4

Hozzávaló

- Főző spray
- 10 uncia fagyasztott apróra vágott spenót, felolvasztva és szárazra préselve
- 4 tojás
- ¼ csésze vaskos salsa
- ¼ csésze morzsolt kecskesajt
- Frissen őrölt bors

Útvonalak

1. Melegítse elő a sütőt 325 °F-ra.

2. Permetezzen be négy 6 unciás ramekint vagy pudingpoharat főzőpermettel.

3. Minden ramekin alját fedjük be spenóttal, egyenlően elosztva. Minden spenótréteg közepén készítsen enyhe bemélyedést.

4. Törj fel egy tojást a spenót tetejére mindegyik ramekinben. Minden tojás tetejére tegyen 1 evőkanál salsát és 1 evőkanál kecskesajtot. Megszórjuk borssal.

5. A ramekineket sütőpapíros tepsire tesszük, és a sütőben körülbelül 20 percig sütjük, amíg a fehérje teljesen megszilárdul, de a sárgája még kissé folyós lesz. Azonnal tálaljuk.

60. Fokhagymás gombás és sajtos omlett

SZOLGÁLT 1

Hozzávaló

- 2 tojás
- 1 teáskanál vizet
- Frissen őrölt bors
- Főző spray
- ½ teáskanál darált fokhagyma
- 4 uncia szeletelt gomb vagy cremini gomba
- 1 uncia aprított alacsony nátriumtartalmú svájci sajt
- 1 teáskanál darált friss petrezselyem

Útvonalak

1. Egy kis tálban keverjük össze a tojást, a vizet és a borsot ízlés szerint, amíg jól össze nem áll.

2. Permetezzen be egy kis tapadásmentes serpenyőt főzőpermettel, és melegítse közepes lángon. Adjuk hozzá a fokhagymát és a gombát, és főzzük gyakran kevergetve, amíg a gomba megpuhul, körülbelül 5 percig. Tegye át a gombás keveréket egy tálba.

3. Szükség esetén ismét permetezze be a serpenyőt főzőpermettel, és helyezze közepes lángra. Hozzáadjuk a tojásokat, és addig főzzük, amíg a széle el nem kezd száradni. Spatulával tolja a megkötött tojást a szélétől a közepe felé. Döntse meg a serpenyőt, és hagyja, hogy a főtt tojás szétterüljön a tojás külsején. Addig főzzük, amíg az omlett majdnem megszilárdul.

4. A főtt gombát kanalazzuk az omlettbe, középen lefelé sorban. A tetejére tesszük a sajtot és a petrezselyem felét.

5. Hajtsa rá az omlett egyik oldalát a másik oldal tetejére. Hagyja főni legalább 1 percig, hogy a sajt megolvadjon.

6. Az omlettet tányérra tesszük, és a maradék petrezselyemmel díszítve azonnal tálaljuk.

61. Rágós almaholdak

Kitermelés: 18 adag

Hozzávaló

- ¾ csésze lé, alma -- koncentrátum
- ½ csésze alma – szárítva
- 2 tojás
- ¼ csésze vaj – megolvasztva és lehűtve
- 1 teáskanál vanília
- 1¼ csésze liszt
- ½ teáskanál Sütőpor
- ½ teáskanál fahéj – őrölt
- ¼ teáskanál Só
- ⅛ teáskanál Szerecsendió -- őrölt

Útvonalak

1. Gyümölcsöt feldarabolni. Keverje össze az almalékoncentrátumot és az almát; 10 percig állni hagyjuk.

2. Melegítsük elő a sütőt 350-re. Beat tojást közepes tálban. Keverjük össze a koncentrátum keverékkel, a vajjal és a vaníliával. Adjuk hozzá a többi hozzávalót és jól keverjük össze. Csepegtess evőkanálnyi tésztát 2"-os kizsírozott sütilapokra.

3. 10-12 percig sütjük, amíg szilárd és aranybarna nem lesz.

62. Cukorbeteg és alacsony nátriumtartalmú pogácsa

Kitermelés: 4 adag

Hozzávaló

- 1½ csésze zöldségleves
- 2¾ csésze cukor
- 9 tojás
- 1 citrom; Juice of
- 1 teáskanál vanília
- 2 csésze szitált süteményliszt

Útvonalak

1. Melegítsük elő a sütőt 300 fokra. Kizsírozzuk és lisztezzük egy 10 hüvelykes csőformát.

2. A krémet simára rövidítjük. Apránként jól hozzáadjuk a cukrot és a tejszínt.

3. Egyenként hozzáadjuk a tojásokat, mindegyik után jól krémesítjük. Hozzákeverjük a citromlevet és a vaníliát. A süteménylisztet átszitáljuk, és a keverékhez adjuk.

4. Öntsük a keveréket csőtepsibe. Süssük másfél órán keresztül, vagy amíg a tesztek elkészülnek.

63. Barna cukor-pekándió fagylalt

8
Hozzávaló

- 1 evőkanál vizet
- 1½ teáskanál ízesítetlen porított zselatin
- 2½ csésze alacsony zsírtartalmú tej
- ¾ csésze csomagolt sötétbarna cukor
- ½ teáskanál őrölt fahéj
- 3 tojássárgája
- 1 (12 uncia) doboz zsírmentes, párolt tej
- 1 teáskanál vanília kivonat
- ½ csésze apróra vágott pekándió

Útvonalak

1. Egy nagy serpenyőben melegíts fel 1½ csésze tejet közepes lángon. Amikor a tej felforrt, keverjük hozzá a barna cukrot és a fahéjat, és melegítsük tovább.

2. Egy közepes tálban habosra keverjük a tojássárgáját és az elpárologtatott tejet. Vékony sugárban adjuk hozzá a forró tejes keveréket a tojásos keverékhez, folyamatos keverés közben, amíg jól össze nem áll.

3. Tegye vissza a keveréket a serpenyőbe, és melegítse közepes lángon, folyamatos keverés mellett, amíg a keverék éppen nem kezd besűrűsödni, körülbelül 5 percig.

4. Szűrjük át a keveréket egy finom szitán egy tálba, és keverjük hozzá a zselatint és a vizet.

5. Keverjük hozzá a maradék 1 csésze tejet és a vaníliakivonatot, fedjük le, és tegyük hűtőbe legalább 2 órára vagy egy éjszakára.

6. Keverje össze a keveréket, tegye át egy fagylaltkészítőbe, és fagyassza le a gyártó utasításai szerint. Amikor a keverék már majdnem megfagyott, hozzáadjuk a pekándiót.

64. Citromos habcsók réteges torta

Hozzávaló

A tortához:
- Főző spray
- Univerzális liszt, porozáshoz
- 4 tojás, szobahőmérsékleten
- ⅔ csésze cukor
- 1 teáskanál vanília kivonat
- 1 teáskanál citromhéj
- 3 evőkanál repceolaj
- ¾ csésze süteményliszt

A töltelékhez:
- 1 doboz zsírmentes édesített sűrített tej
- 1 teáskanál citromhéj
- ⅓ csésze friss citromlé

A feltéthez:
- 2 tojásfehérje, szobahőmérsékleten
- ¼ teáskanál tartárkrém
- ¼ csésze cukor
- ¼ teáskanál vanília kivonat

Útvonalak

A torta elkészítéséhez:

1. Egy nagy tálban keverje össze a tojást és a cukrot, majd közepes-nagy sebességre állított elektromos mixerrel 8-10 perc alatt habosra és halványsárgára keverje. Adjuk hozzá a vaníliát és a citromhéjat.

2. Gumi spatulával óvatosan beleforgatjuk az olajat.

3. Addig keverjük hozzá a lisztet, amíg el nem keveredik.

4. A masszát egyenletesen elosztva az előkészített tepsibe öntjük.

5. Süssük a süteményeket 20-22 percig, amíg a közepébe szúrt fogpiszkáló tisztán ki nem jön.

6. Tegye a tepsit rácsra hűlni 10 percre, majd fordítsa ki a süteményeket a rácsra és hűtse ki teljesen.

65. Csokis krémes pite

8
Hozzávaló

A kéreghez:
- 1¼ csésze csokis süti morzsa
- 3 evőkanál sótlan vaj, olvasztott

A töltelékhez:
- ¾ csésze cukor
- ¼ csésze kukoricakeményítő
- ¼ csésze cukrozatlan kakaópor
- 1¾ csésze alacsony zsírtartalmú tej vagy könnyű kókusztej
- 1 tojás
- 4 uncia keserédes csokoládé, apróra vágva
- Zsírmentes, tejmentes felvert feltét, tálaláshoz

Útvonalak

1. Egy nagy serpenyőben, közepes lángon keverjük össze a cukrot, a kukoricakeményítőt és a kakaót. Adjuk hozzá a tejet és a tojást, és folytassuk simára keverjük.

2. Folyamatos keverés mellett főzzük, amíg a keverék buborékosodik és besűrűsödik, körülbelül 5 percig.

3. Vegyük le a keveréket a tűzről, és adjuk hozzá a csokoládét, és addig keverjük, amíg teljesen fel nem olvad és beépül.

4. Öntsük a tölteléket az előkészített héjba, fedjük le műanyag fóliával, nyomkodjuk a műanyagot a töltelék felületére, és hűtsük dermedni, legalább 4 órát.

5. Lehűtve, tetszés szerint gyümölccsel vagy felvert feltéttel tálaljuk.

66. Cseresznye-mandulás Biscotti

18 BISCOTTI KÉSZÜL

Hozzávaló

- 1 csésze univerzális liszt
- 1 csésze teljes kiőrlésű liszt
- ½ teáskanál sütőpor
- ½ teáskanál szódabikarbóna
- ¼ csésze sótlan vaj
- ½ csésze kristálycukor
- ¼ csésze barna cukor
- 2 tojás
- 1 evőkanál vanília kivonat
- 3 uncia mandula
- 2 uncia szárított cseresznye, apróra vágva

Útvonalak

1. Egy közepes keverőtálban keverjük össze a liszteket, a sütőport és a szódabikarbónát.

2. Egy nagy keverőtálban elektromos keverővel keverjük krémesre a vajat és a cukrokat. Adjuk hozzá a tojásokat, egyenként.

3. Adjuk hozzá a vaníliát és a száraz hozzávalókat, és keverjük jól össze. Adjuk hozzá a mandulát és a szárított cseresznyét.

4. A tésztát 2 egyenlő részre osztjuk. Az előkészített tepsiben formázzunk a tésztából két 3 x 8 hüvelykes cipót.

5. Süssük aranybarnára a cipókat 30-35 perc alatt.

6. A cipókat 45 fokos szögben 1 hüvelyk széles szeletekre vágjuk.

7. Tegyük vissza a szeleteket a tepsibe, a levágatlan szélükre tesszük őket. Süssük a kekszeket nagyon szárazra és enyhén barnára, körülbelül 25 percig.

67. Zabpehely-csokis keksz

Hozzávaló

- ½ csésze univerzális liszt
- ½ csésze teljes kiőrlésű liszt
- ¾ csésze régimódi gyorsfőzésű hengerelt zab
- ½ teáskanál sütőpor
- ⅓ teáskanál szódabikarbóna
- ¾ csésze világos barna cukor
- ⅓ csésze repceolaj
- 1 tojás
- 1 teáskanál vanília kivonat
- ⅓ csésze étcsokoládé chips

Útvonalak

1. Melegítse elő a sütőt 350 °F-ra.

2. Egy nagy tepsit kibéleljük sütőpapírral.

3. Egy közepes keverőtálban keverjük össze a liszteket, a zabot, a sütőport és a szódabikarbónát.

4. Elektromos mixer segítségével egy nagy keverőtálban keverjük össze a cukrot és az olajat.

5. Adjuk hozzá a tojást és a vaníliát, és keverjük össze.

6. Adjuk hozzá a száraz keveréket a nedves keverékhez, és keverjük össze.

7. Belekeverjük a csokireszeléket.

8. A süteménytésztát lekerekített evőkanállal a tepsire ejtjük.

9. Süssük aranybarnára a sütiket, körülbelül 25 perc alatt. Tegyük át a sütiket egy rácsra hűlni.

68. Alacsony nátriumtartalmú kukoricás kenyérpite

Hozzávaló

- 1 kiló Darált marhahús, sovány
- 1 db nagy hagyma - apróra vágva
- 1 db álparadicsomleves
- Só és $\frac{3}{4}$ teáskanál fekete bors
- 1 evőkanál chili por
- 12 uncia fagyasztott mag kukorica
- $\frac{1}{2}$ csésze zöldpaprika - apróra vágva
- $\frac{3}{4}$ csésze kukoricaliszt
- 1 evőkanál cukor
- 1 evőkanál univerzális liszt
- $1\frac{1}{2}$ teáskanál Sütőpor
- 2 tojásfehérje - jól felvert
- $\frac{1}{2}$ csésze 2%-os tej
- 1 evőkanál bacon csepegtető

Útvonalak

1. Kukoricakenyér pite: Keverje össze egy serpenyőben darált marhahúst és apróra vágott hagymát.

2. Barna jól. Adjuk hozzá a paradicsomlevest, a vizet, a borsot, a chiliport, a kukoricát és az apróra vágott zöldpaprikát. Jól keverjük össze és hagyjuk 15 percig párolni. Kikent tepsibe forgatjuk. Tetejét kukoricakenyérrel (lent) kenjük, és közepes hőmérsékletű (350°F) sütőben 20 percig sütjük.

3. Kukoricakenyér feltét: Szitáljuk össze a kukoricalisztet, a cukrot, a lisztet és a sütőport. Hozzáadjuk a jól felvert tojást, a tejet és a szalonnacsepegést. Forgasd rá a marhahús keverékre.

69. Csokoládé szufla torta

Kitermelés: 8 adag

Hozzávaló

- Tapadásmentes növényi olaj
- Permet
- 14 evőkanál cukor
- ⅔ csésze dió, pirított
- ½ csésze cukrozatlan kakaópor
- 3 evőkanál Növényi olaj
- 8 nagy tojásfehérje
- 1 csipet só
- Porcukor

Útvonalak

1. Terítse ki a serpenyőt és a papírt növényi olajspray-vel. Szórjuk meg a serpenyőt 2 evőkanál cukorral. A diót 2 evőkanál cukorral finomra őröljük a processzorban. Tegye át a diós keveréket egy nagy tálba. Keverjünk hozzá 10 evőkanál cukrot és kakaót, majd olajat.

2. Elektromos keverővel verje fel a tojásfehérjét és a sót egy nagy tálban, amíg lágy csúcsok nem lesznek. A fehérjéket a kakaós keverékhez forgatjuk.

3. Spoon tésztát előkészített serpenyőbe; sima felső.

4. Körülbelül 30 percig sütjük, amíg a tortafelfújások és a közepébe helyezett teszter ki nem jön, nedves morzsákkal együtt.

70. Reggeli Tacos

Hozzávaló

- 1 teáskanál őrölt kömény
- 1 (15 uncia) doboz só nélküli rózsaszín bab
- 4 mogyoróhagyma, szeletelve
- 1 kis piros kaliforniai paprika vékony csíkokra vágva
- ½ csésze csökkentett nátriumtartalmú csirkeleves
- 2 gerezd fokhagyma, felaprítva
- 4 tojás
- 4 evőkanál zsírmentes joghurt
- 4 evőkanál salsa
- 8 (6 hüvelykes) kukorica tortilla, pirítva

Útvonalak

a) Melegíts fel egy 10 hüvelykes tapadásmentes serpenyőt közepesen magas lángon. Adjuk hozzá a köményt, és időnként megkeverve főzzük körülbelül 30 másodpercig, vagy amíg illatos lesz. Adjuk hozzá a babot, a mogyoróhagymát, a kaliforniai paprikát, a húslevest és a fokhagymát. Forraljuk fel, majd csökkentsük a hőt, hogy a keverék felforrjon. 8 percig főzzük.

b) A kanál hátuljával készítsen négy mélyedést a babon. minden tojást egy pudingpohárba törünk, és mindegyik mélyedésbe beleöntjük. Fedjük le és főzzük körülbelül 8 percig.

c) Egy tányérra kanalazzuk a tojásos babkeverék minden részét. Szórjuk meg az olajbogyót a bab köré és köré. Minden adag tetejére tegyünk 1 evőkanál joghurtot és 1 evőkanál salsát.

71. Barbecue Hash

Hozzávaló

- 3 édesburgonya, meghámozva és apróra vágva
- 1 (8 uncia) csomag tempeh, apróra vágva
- 1 hagyma, finomra vágva
- 1 piros kaliforniai paprika, apróra vágva
- 1 evőkanál bolti barbecue szósz
- 1 teáskanál Cajun fűszer
- $\frac{1}{4}$ csésze apróra vágott friss petrezselyem
- 4 tojás csípős-paprika szósz (elhagyható)

Útvonalak

a) Melegítsünk fel 3 evőkanál olajat egy nagy, tapadásmentes serpenyőben közepesen magas lángon. Adjuk hozzá az édesburgonyát és a tempeh-et, és időnként megkeverve főzzük 5 percig, vagy amíg a keverék el nem kezd barnulni. Csökkentse a hőt közepesre.

b) Adjuk hozzá a hagymát és a kaliforniai paprikát, és főzzük tovább 12 percig, a főzési idő végén gyakrabban kevergetve, amíg a tempeh megpirul és a burgonya megpuhul.

c) Adjuk hozzá a barbecue szószt, a Cajun fűszert és a petrezselymet. Keverjük össze, majd osszuk el 4 tányérra.

d) Törölje ki a serpenyőt papírtörlővel. Csökkentse a hőt közepes-alacsonyra, és adjuk hozzá a maradék 1 evőkanál olajat. A tojásokat felütjük a serpenyőbe, és a kívánt készre főzzük.

e) Csúsztasson egy tojást a hash minden részének tetejére, és azonnal tálalja. Ha szükséges, csípős-borsos szószt adjon az asztalhoz.

72. Olíva és fűszernövény Frittata

Hozzávaló

- 1 teáskanál olívaolaj, lehetőleg extra szűz
- 3/4 csésze apróra vágott piros kaliforniai paprika
- 3/4 csésze apróra vágott zöld kaliforniai paprika
- 3/4 csésze (3 uncia) aprított csökkentett zsírtartalmú Monterey Jack sajt
- 2 evőkanál apróra vágott friss bazsalikom
- 5 tojás + 2 tojásfehérje, enyhén felverve
- $\frac{1}{4}$ teáskanál só Őrölt fekete bors

Útvonalak

a) Melegítse elő a sütőt 375 °F-ra. Kenjünk be egy 9 hüvelykes tűzálló serpenyőt növényi olajspray-vel. Közepes-magas lángra tesszük. Adjuk hozzá az olajat. 30 másodpercig melegítjük. Adjuk hozzá a kaliforniai paprikát. Főzzük, időnként megkeverve, körülbelül 5 percig, vagy amíg éppen puha nem lesz. A serpenyőbe szórjuk a sajtot és a bazsalikomot. Adjuk hozzá a tojást, a tojásfehérjét, az olajbogyót, a sót és a borsot.

b) Süssük körülbelül 30 percig, vagy amíg a tojások megpuhulnak. Hagyjuk állni kicsit kihűlni. Vágjuk szeletekre.

73. Frittata spárga

Hozzávalók

- ½ font spárga, 1 hüvelykes darabokra vágva
- ¼ hagyma, apróra vágva
- 4 tojás
- 2 tojásfehérje
- 2 evőkanál hideg víz
- 2 teáskanál frissen reszelt narancshéj
- ¼ teáskanál só Frissen őrölt fekete bors

Útvonalak

a) Melegítse elő a sütőt 350 °F-ra. Melegítsen egy 10 hüvelykes, tapadásmentes, sütőálló serpenyőt közepes lángon 1 percig. Adjuk hozzá az olajat és melegítsük 30 másodpercig. Adjuk hozzá a spárgát és a hagymát. Főzzük keverés közben körülbelül 2 percig, vagy amíg a spárga élénkzöld nem lesz.

b) Közben habosra verjük a tojást, a fehérjét, a vizet, a narancshéjat és a sót. Öntsük a serpenyőbe, és főzzük 2 percig, vagy amíg el nem kezd az alján megkötni. Szilikon spatulával emelje fel a beállított széleket, és hagyja, hogy a főtt keverék átfolyjon alatta. Jól fűszerezzük a borssal.

c) Tegyük be a sütőbe és süssük 6 percig. A spatulával emelje meg a tojáskeverék szélét, és billentse meg a serpenyőt, hogy a főtt tojás és az olaj befolyjon alatta. Körülbelül 6 percig sütjük tovább, vagy amíg felfúvódott és aranybarna nem lesz.

74. Epres-mandulás pirítós

Hozzávalók

- 1 tojás
- ¼ csésze zsírmentes tej
- ¼ teáskanál őrölt fahéj
- 1 szelet teljes kiőrlésű kenyér
- 1 teáskanál margarin
- ½ csésze szeletelt eper

Útvonalak

a) A tojást egy sekély tálban felverjük a tejjel és a fahéjjal. A kenyér mindkét oldalát mártsuk a tojásos keverékbe.

b) Olvasszuk fel a margarint egy tapadásmentes serpenyőben közepes lángon. Süssük a kenyeret oldalanként körülbelül 2-3 percig, vagy amíg aranybarna nem lesz. Átlósan félbevágjuk. A felét tányérra tesszük. A tetejére szórjuk az eper és a mandula felét.

c) Befedjük a pirítós másik felével és a maradék eperrel és mandulával.

75. Csokis palacsinta

Hozzávalók

- 2/3 csésze teljes kiőrlésű liszt
- 2/3 csésze fehérítetlen univerzális liszt
- 1/3 csésze kukoricadara
- 1 evőkanál sütőpor
- ½ teáskanál szódabikarbóna
- 2 csésze zsírmentes vaníliás joghurt
- 3/4 csésze zsírmentes tojáspótló
- 2 evőkanál repceolaj
- 3/4 csésze tejmentes felvert feltét

Útvonalak

a) A liszteket, a kukoricalisztet, a sütőport és a szódabikarbónát egy nagy tálban összedolgozzuk. Keverje hozzá a joghurtot, a tojáspótlót, a csokireszeléket és az olajat.

b) Kenjünk be egy nagy tapadásmentes serpenyőt főzőpermettel, és melegítsük közepes lángon.

c) Minden palacsintához tegyünk 2 evőkanál tésztát a serpenyőbe. Süssük a palacsintát 2 percig, vagy amíg buborékok jelennek meg a felületén és a szélei meg nem kötődnek. Fordítsa meg és süsse enyhén barnára, körülbelül 2 perccel tovább. Ismételje meg a maradék tésztával.

d) Mindegyik palacsintát 1 teáskanál felvert öntettel kenjük meg.

76. Csokoládé diós gofri

Hozzávalók

- 1½ csésze teljes kiőrlésű tésztaliszt
- ½ csésze cukrozatlan kakaópor
- 2 teáskanál sütőpor
- ¼ teáskanál szódabikarbóna
- 1 csésze 1%-os tej
- ½ csésze csomagolt barna cukor
- 2 teáskanál eszpresszópor
- 3 evőkanál könnyű olívaolaj
- 3 tojás fehérje
- 1/8 teáskanál só
- 3 evőkanál juharszirup

Útvonalak

a) Egy nagy tálban keverjük össze a lisztet, a kakaóport, a sütőport és a szódabikarbónát. A lisztkeverék közepébe mélyedést készítünk, és hozzáadjuk a tejet, a cukrot, az eszpresszóport és az olajat. Keverjük össze a hozzávalókat, amíg el nem keveredik.

b) Melegítsen elő egy gofrisütőt 4 percig, vagy a gyártó utasításai szerint. A fehérjéket 3 adagban a csokoládémasszába forgatjuk, addig hajtogatva, amíg a keverék össze nem áll.

c) Közvetlenül használat előtt vonja be a felmelegített gofrirácsokat főzőpermettel. Adjunk hozzá annyi tésztát, hogy majdnem ellepje a gofrirácsokat (2/3 csésze), és főzzük 3-4 percig.

77. Granolaszeletek és szárított cseresznye

Hozzávalók

- 1½ csésze száraz sima zab
- 1 evőkanál univerzális liszt
- 2/3 csésze apróra vágott szárított, cukrozatlan cseresznye
- 2 tojás
- 1 csésze csomagolt világos barna cukor
- 1 evőkanál repceolaj
- 1 teáskanál őrölt fahéj
- ¼ teáskanál só
- 1 teáskanál vanília kivonat

Útvonalak

a) Helyezzen 1 csésze kesudiót és ½ csésze zabot egy nagy, oldalsó tepsire. 10 percig sütjük, vagy amíg meg nem pirul, egyszer megkeverve. Félretesz, mellőz.

b) Helyezze a lisztet és a maradék 1 csésze zabot és ½ csésze kesudiót egy fém pengével ellátott konyhai robotgépbe. Simára dolgozzuk. Tegye át egy közepes tálba, és keverje össze a cseresznyével és a fenntartott kesudióval és a zabbal.

c) A tojásokat, a barna cukrot, az olajat, a fahéjat, a sót és a vaníliát egy nagy tálban habosra keverjük. Keverje hozzá a zab-kesudió keveréket, amíg jól el nem keveredik. Az előkészített tepsibe terítjük.

d) Süssük 30 percig, vagy amíg aranybarna nem lesz.

78. Gyümölcsös és diós muffin

Hozzávalók

- 1 3/4 csésze teljes kiőrlésű tészta liszt
- 1½ teáskanál sütőpor
- 1½ teáskanál őrölt fahéj
- ½ teáskanál szódabikarbóna
- ¼ teáskanál só
- 1 csésze zsírmentes vaníliás joghurt
- ½ csésze barna cukor
- 1 tojás
- 2 evőkanál repceolaj
- 1 teáskanál vanília kivonat
- ½ csésze zúzott ananász lében, lecsepegtetve
- 1/3 csésze ribizli vagy mazsola
- ¼ csésze reszelt sárgarépa

Útvonalak

a) Melegítsük elő a sütőt 400°F-ra.

b) Egy nagy tálban keverjük össze a lisztet, a sütőport, a fahéjat, a szódabikarbónát és a sót. Egy közepes tálban keverjük össze a joghurtot, a barna cukrot, a tojást, az olajat és a vaníliát. Keverje hozzá a joghurtos keveréket a lisztes keverékhez, amíg el nem keveredik.

c) Hajtsa bele a pekándiót, az ananászt, a ribizlit vagy a mazsolát és a sárgarépát.

d) Osszuk el egyenletesen a tésztát 12 muffinpohár között.

e) 20 percig sütjük.

79. Dupla sütőtök snackszeletek

Hozzávalók

- 1 csésze konzerv szilárd csomagolású sütőtök
- 1 csésze reszelt sárgarépa
- ½ csésze cukor
- 1/3 csésze szárított áfonya vagy mazsola
- ¼ csésze repceolaj
- 2 nagy tojás
- 1 csésze teljes kiőrlésű tészta liszt
- 1 teáskanál sütőpor
- 1 teáskanál őrölt fahéj
- ½ teáskanál szódabikarbóna
- ¼ teáskanál só

Útvonalak

a) Mérj ki 1 csésze tökmagot egy turmixgépbe vagy konyhai robotgépbe, és dolgozd fel finomra. Félretesz, mellőz. A maradék magokat durvára vágjuk, és félretesszük.

b) Keverje össze a sütőtököt, a sárgarépát, a cukrot, az áfonyát vagy a mazsolát, az olajat és a tojást egy nagy tálban, és addig keverje, amíg jól el nem keveredik. Hozzáadjuk a lisztet, az őrölt tökmagot, a sütőport, a fahéjat, a szódabikarbónát és a sót. Addig keverjük, amíg el nem keveredik.

c) A masszát az előkészített tepsibe öntjük és egyenletesen eloszlatjuk. Megszórjuk a félretett, apróra vágott tökmaggal. 22-25 percig sütjük, vagy amíg enyhén megnyomva vissza nem ugrik a teteje. Hűtsük le teljesen a serpenyőben egy rácson, mielőtt 12 rúdra vágnánk.

80. Tojásos pizzatészta

Hozzávalók-

- 3 tojás
- 1/2 csésze kókuszliszt
- 1 csésze kókusztej
- 1 gerezd zúzott fokhagyma

Útvonalak

a) Keverjük össze és készítsünk omlettet.

b) Szolgál

81. Omlett zöldségekkel

1-et szolgál ki

Hozzávalók

- 2 nagy tojás
- Só
- Gkerek fekete bors
- 1 teáskanálolajbogyóolaj vagyköményolaj
- 1csésze spenót, koktélparadicsom és 1 kanál joghurtos sajt
- Darált pirospaprika pehely és egy csipet kapor

Útvonalak

a) Egy kis tálban felverünk 2 nagy tojást. Sóval és őrölt fekete borssal ízesítjük, majd félretesszük. Melegíts fel 1 teáskanál olívaolajat egy közepes serpenyőben, közepes lángon.

b) Adjuk hozzá a bébispenótot, a paradicsomot, a sajtot, és addig főzzük, amíg megfonnyad (kb. 1 perc).

c) Adjunk hozzá tojást; főzzük, időnként megkeverve, amíg éppen meg nem áll, körülbelül 1 percig. Belekeverjük a sajtot.

d) Megszórjuk törött pirospaprika pehellyel és kaporral.

82. Tojásos muffin

Hozzávalók

Tálalás: 8 muffin

- 8 tojás
- 1 csésze kockára vágott zöld kaliforniai paprika
- 1 csésze kockára vágott hagyma
- 1 csésze spenót
- 1/4 teáskanál só
- 1/8 teáskanál őrölt fekete bors
- 2 evőkanál víz

Útvonalak

a) Melegítsük elő a sütőt 350 fokra F. Olaj 8 muffin csésze.

b) Verjük össze a tojásokat.

c) Keverjük össze a kaliforniai paprikával, spenóttal, hagymával, sóval, fekete borssal és vízzel. A keveréket muffinformákba öntjük.

d) Sütőben addig sütjük, amíg a muffinok a közepén elkészülnek.

83. Füstölt lazac rántotta

Hozzávalók

- 1 teáskanál kókuszdióolaj
- 4 tojás
- 1 evőkanál víz
- 4 oz. füstölt lazac, szeletelve
- 1/2 avokádó
- őrölt fekete bors, ízlés szerint
- 4 metélőhagyma darálva (vagy használj 1 zöldhagymát vékonyra szeletelve)

Útvonalak

a) Melegíts fel egy serpenyőt közepes lángon.

b) Ha forró, adjunk hozzá kókuszolajat a serpenyőbe.

c) Közben rántottát. Tegyük a tojást a forró serpenyőbe a füstölt lazaccal együtt. Folyamatos keverés mellett főzzük a tojásokat puhára és habosra.

d) Vegyük le a tűzről. A tetejére avokádót, fekete borsot és metélőhagymát teszünk a tálaláshoz.

84. Steak és tojás

2-t szolgál ki

Hozzávalók-

- 1/2 font csont nélküli marha steak vagy sertés szűzpecsenye
- 1/4 teáskanál őrölt fekete bors
- 1/4 teáskanál tengeri só (opcionális)
- 2 teáskanálkókuszdióolaj
- 1/4 hagyma, felkockázva
- 1 piros kaliforniai paprika, felkockázva
- 1 marék spenót vagy rukkola
- 2 tojás

Útvonalak

a) A szeletelt steaket vagy sertés szűzpecsenyét ízesítsük tengeri sóval és fekete borssal. Melegíts fel egy serpenyőt magas lángon. Ha a serpenyő forró, adjunk hozzá 1 teáskanál kókuszolajat, a hagymát és a húst, és pároljuk, amíg a steak kissé meg nem puhul.

b) Adjuk hozzá a spenótot és a piros kaliforniai paprikát, és addig főzzük, amíg a steak el nem sül. Közben közepes lángon felforrósítunk egy kis serpenyőt. Adjuk hozzá a maradék kókuszolajat, és süssünk meg két tojást.

c) Tálaláskor minden steak tetejét megkenjük tükörtojással.

85. Tojássütés

Hozzávalók-

6-ot szolgál ki

- 2 csésze apróra vágott pirospaprika vagy spenót
- 1 csésze cukkini
- 2 evőkanálkókuszdióolaj
- 1 csésze szeletelt gomba
- 1/2 csésze szeletelt zöldhagyma
- 8 tojás
- 1 csésze kókusztej
- 1/2 csészemandulaLiszt
- 2 evőkanál darált friss petrezselyem
- 1/2 teáskanál szárított bazsalikom
- 1/2 teáskanál só
- 1/4 teáskanál őrölt fekete bors

Útvonalak

a) Melegítse elő a sütőt 350 fokra F. Tegye kókuszolajat egy serpenyőbe. Melegítsük közepes lángra. Add hozzá a gombát, a hagymát, a cukkinit és a pirospaprikát (vagy spenótot), amíg a zöldségek megpuhulnak, körülbelül 5 percig. A zöldségeket leszűrjük, és a tepsire terítjük.

b) A tojásokat egy tálban felverjük a tejjel, liszttel, petrezselyemmel, bazsalikommal, sóval és borssal. Öntsük a tojásos keveréket a tepsibe.

c) Előmelegített sütőben addig sütjük, amíg a közepe megszilárdul (kb. 35-40 perc).

86. Frittata

6 adag

Hozzávalók

- 2 evőkanálolajbogyóolaj vagyavokádóolaj
- 1Cukkini, szeletelve
- 1 csésze tépett friss spenót
- 2 evőkanál szeletelt zöldhagyma
- 1 teáskanál zúzott fokhagyma, só és bors ízlés szerint
- 1/3 csésze kókusztej
- 6 tojás

Útvonalak

a) Melegítsünk olívaolajat egy serpenyőben közepes lángon. Adjuk hozzá a cukkinit és főzzük puhára. Keverje össze a spenótot, a zöldhagymát és a fokhagymát. Sózzuk, borsozzuk. Addig főzzük, amíg a spenót meg nem fonnyad.

b) Egy külön tálban keverjük össze a tojást és a kókusztejet. Öntsük a serpenyőbe a zöldségekre. Csökkentse a hőt alacsonyra, fedje le, és főzze, amíg a tojás megszilárdul (5-7 perc).

87. Naan / Palacsinta / Palacsinta

Hozzávalók

- 1/2 csészemandulaLiszt
- 1/2 csésze tápióka liszt
- 1 csésze kókusztej
- Só
- kókuszdióolaj

Útvonalak

a) Keverje össze az összes hozzávalót.

b) Melegíts fel egy serpenyőt közepes lángon, és öntsd a tésztát a kívánt vastagságúra. Ha már keménynek tűnik a tészta, fordítsuk meg, hogy a másik oldala is megsüljön.

c) Ha desszert palacsintát vagy palacsintát szeretne, hagyja ki a sót. A tésztába tehetünk darált fokhagymát vagy gyömbért, ha szeretnénk, esetleg fűszereket.

88. Cukkinis palacsinta

3-at szolgál ki

Hozzávalók

- 2 közepes cukkini
- 2 evőkanál apróra vágott hagyma
- 3felvert tojás
- 6-8 evőkanálmandulaLiszt
- 1 teáskanál só
- 1/2 teáskanál őrölt fekete bors
- kókuszdióolaj

Útvonalak

a) Melegítsük elő a sütőt 300 F fokra.

b) A cukkinit lereszeljük egy tálba, és beleforgatjuk a hagymát és a tojást. Keverjünk hozzá 6 evőkanál lisztet, sót és borsot.

c) Melegíts fel egy nagy serpenyőt közepes lángon, és adj hozzá kókuszolajat. Amikor az olaj felforrósodott, mérsékelje a hőt közepes-alacsonyra, és tegye bele a tésztát a serpenyőbe. Süssük a palacsintákat körülbelül 2 percig mindkét oldalukon, amíg meg nem pirulnak. Helyezze a palacsintákat a sütőbe.

89. Quiche

2-3

Hozzávalók

- 1 Előfőzött és lehűtött sós pite kéreg
- 8 uncia bio spenót főzve és lecsöpögtetve
- 6 uncia kockára vágott sertéshús
- 2 közepes medvehagyma vékonyra szeletelve és megdinsztelve
- 4 nagy tojás
- 1 csésze kókusztej
- 3/4 teáskanál só
- 1/4 teáskanál frissen őrölt fekete bors

Útvonalak

a) A sertéshúst kókuszolajon megpirítjuk, majd hozzáadjuk a spenótot és a medvehagymát. Ha elkészült, tegyük félre.

b) Melegítse elő a sütőt 350 F-ra. Egy nagy tálban keverjük össze a tojást, a tejet, a sót és a borsot. Habosra keverjük. Adja hozzá a lecsepegtetett töltelékkeverék körülbelül 3/4-ét, a másik 1/4-et tartsa fenn a quiche "feltetére". Öntsük a tojásos keveréket a kéregbe, és helyezzük a maradék töltelékét a quiche tetejére.

c) Helyezze a quiche-t a sütőbe a középső rács közepére, és süsse zavartalanul 45-50 percig.

90. Reggeli kolbászgolyó

Kitermelés: 12 adag

Hozzávaló

- 2 evőkanál narancslé, fagyasztott koncentrátum
- 2 evőkanál juharszirup
- 4 szelet Kenyér
- 1 tojás, enyhén turmixolva
- ½ font Mild Bulk Kolbász
- ½ csésze kockára vágott grillezett pekándió
- 2 evőkanál petrezselyempehely

Útvonalak

a) A kenyeret narancslében és juharszirupban törjük fel. Adjuk hozzá a tojást és alaposan keverjük össze.

b) Keverjük össze a többi hozzávalóval. Készíts kis, körülbelül 1 hüvelyk átmérőjű kolbászgolyókat vagy pogácsákat. Serpenyőben vagy serpenyőben mérsékelt lángon lassan megsütjük, amíg meg nem pirul. Fogyasztható előételként vagy makaróni kísérőjeként egy családi vacsorára. Előre elkészíthető és főzés után lefagyasztható.

c) Tálalás előtt meleg grillen melegítsük át.

91. Reggeli kolbászos szendvicsek

Kitermelés: 1 adag

Hozzávaló

- Lágyított vaj vagy margarin
- 8 szegmens Kenyér
- 1 kiló sertéskolbász, főtt
- Összetört, lecsepegtetett
- 1 csésze (kb
- 4 uncia) reszelt cheddar sajt
- 2 tojás, turmixolva
- 1½ csésze tej
- 1½ teáskanál mustár

Útvonalak

a) Kenje meg vajjal minden kenyérszelet egyik oldalát.

b) Helyezzen 4 szeletet kivajazott oldalukkal lefelé egyetlen rétegben egy enyhén kivajazott, 8 hüvelykes, négyzet alakú tepsibe.

c) minden kenyérszeletet a kolbásszal és a maradék kenyérszeletekkel tedd fel, vajas oldalukkal felfelé. Megszórjuk sajttal.

d) Keverje össze a fennmaradó összetevőket; fröccsent a szendvicsekre, fedjük le és tegyük hűtőszekrénybe legalább 8 órára.

92. sült chile puding

Kitermelés: 4 adag

Hozzávaló

- 2 nagy tojás
- 2 nagy tojássárgája
- ⅓ csésze cukor, barna
- 2 evőkanál cukor, barna
- ¼ teáskanál Só
- 2 csésze krém, nehéz
- ¼ teáskanál vanília
- 2 teáskanál Chile de Arbol, porrá pirítva

Útvonalak

a) Melegítse fel a grillt 300 fokra. A tojást, a tojássárgáját, ⅓ c barna cukrot és sót egy nem reagáló edényben habosra keverjük.

b) Forrázzuk le a tejszínt és a vaníliát egy serpenyőben mérsékelt lángon; Vegye ki a hőből; gyorsan habverővel törttojás keverjük simára; adjuk vissza a tejszínhez a serpenyőben; hozd vissza, hogy csak egy pároljuk alá a puding kabátok háta egy kanál; Vegyük ki a hőről.

c) kifröccsent puding 4 4 uncia ramekinekbe; hely a szállodai serpenyőben; terv serpenyőben grill; töltsük fel annyi vízzel, hogy ⅔-ig elérje a ramekinek oldalát; megsütjük, amíg meg nem áll (kb. 35 perc); 3 órára hűtőbe tesszük.

d) Kiszolgálni; szórjunk meg minden pudingot ¼ teáskanál chiliporral; a felső átszitált barnacukorral; grillezzük, amíg a cukor el nem olvad, nem ég meg.

93. Reggeli kolbászos szendvicsek

Kitermelés: 1 adag

Hozzávaló

- Lágyított vaj vagy margarin
- 8 szegmens Kenyér
- 1 kiló sertéskolbász, főtt
- 4 uncia reszelt cheddar sajt
- 2 tojás, turmixolva
- 1½ csésze tej
- 1½ teáskanál mustár

Útvonalak

a) Kenje meg vajjal minden kenyérszelet egyik oldalát.

b) Helyezzen 4 szeletet kivajazott oldalukkal lefelé egyetlen rétegben egy enyhén kivajazott, 8 hüvelykes, négyzet alakú tepsibe.

c) minden kenyérszeletet a kolbásszal és a maradék kenyérszeletekkel tedd fel, vajas oldalukkal felfelé. Megszórjuk sajttal.

d) Keverje össze a fennmaradó összetevőket; fröccsent a szendvicsekre. fedjük le és tegyük hűtőszekrénybe legalább 8 órára

e) Vegye ki a hűtőszekrényből; 30 percig pihentetjük.

94. Német palacsinta

Kitermelés: 12 adag

Hozzávaló

- grillezett pirospaprikás csirke
- 3 nagy tojás
- ⅓ csésze univerzális liszt
- ⅓ csésze tej
- ¼ teáskanál Só
- 1 evőkanál Növényi zsiradék; olvasztott

Útvonalak

a) Kész grillezett pirospaprika csirke; tálalásig hűtőbe tesszük.

b) Melegítse fel a grillt 450 F-ra. Közepes méretű edényben, elektromos keverővel, nagy sebességgel turmixoljuk a tojásokat sűrűre és habosra. Csökkentse alacsonyra a keverő sebességét, és fokozatosan keverje hozzá a lisztet, a tejet és a sót.

c) Helyezzen 2 serpenyőt, amelyek mindegyike hat $2\frac{1}{2}$ hüvelykes szív alakú formát tartalmaz, vagy egy muffin serpenyőt tizenkét 2,5 hüvelykes csészével a grillsütőbe 5 percre felmelegedni. Vegye ki a serpenyőket a grillről; ecsetcsészék olvasztott rövidítéssel. Osszuk szét a tésztát a csészék között, és süssük 10-12 percig vagy tovább, amíg felfuvalkodott és enyhén megpirul.

d) Vegye ki a palacsintákat a csészékből a rácsra. Hűtsük 5-10 percig, vagy addig, amíg a közepe leesik, hagyva egy enyhe bemélyedést. A grillezett pirospaprikás csirkét kanalazzuk a palacsinta közepébe, és tegyük a tálalótányérra. Azonnal tálaljuk. Kívánt esetben a palacsintákat teljesen lehűthetjük töltés előtt, és hidegen tálalhatjuk.

e) $\frac{1}{2}$ csésze kockára vágott grillezett édes paprikából 2 evőkanálnyit félreteszünk. Helyezze a maradék pirospaprikát a kockázó pengével felszerelt konyhai robotgépbe. Adjunk hozzá 3 evőkanál majonézt, 1 evőkanál balzsamecetet, $\frac{1}{4}$ teáskanál őrölt fekete borsot és $\frac{1}{8}$ teáskanál sót; addig dolgozzuk fel, amíg a keveréket pépesítjük. Váltson közepes méretű edényre, és keverjen bele 1 csésze kockára vágott főtt csirkét, 1 zöldhagymát, finomra vágva és fenntartva 2 evőkanál kockára vágott grillezett pirospaprikát.

f) Jól összekeverni. Fedjük le fedővel, és tálalásig tegyük hűtőbe.

FRISS TOJÁSI ITALOK

95. Coquito

Kitermelés: 1 adag

Hozzávaló

- 13/16 liter könnyű Puerto Rico-i rum
- 2 lime héja; (reszelve)
- 6 tojássárgája
- 1 doboz Édes sűrített tej
- 2 doboz (nagy) párolt tej
- 2 doboz Kókusztejszín; (mint Coco Lopez)
- 6 uncia Gin

Útvonalak

a) Keverje össze a rum felét a lime héjával turmixgépben, nagy sebességgel 2 percig. Szűrjük le és tegyük egy nagy tálba. Adjuk hozzá a maradék rumot.

b) Turmixgépben keverje össze a tojássárgáját, mind a tejet, mind a gint, amíg jól el nem keveredik.

c) Öntsük a keverék ¾-ét egy tálba rummal. A többit összekeverjük a kókuszkrémmel és jól összedolgozzuk. a rumos keverékhez adjuk, jól összekeverjük és hűtőbe tesszük.

96. Klasszikus Amaretto Sour

Hozam: 1 ital

Hozzávalók

- 1 ½ uncia (3 evőkanál) amaretto
- ½ uncia (1 evőkanál) bourbon whisky
- 1 uncia (2 evőkanál) citromlé
- 1 teáskanál egyszerű szirup vagy juharszirup
- 1 tojás fehérje
- 2 csepp Angostura keserű
- A körethez: Koktélcseresznye vagy Luxardo cseresznye, citromszelet

Útvonalak

a) Adja hozzá az amarettót, a bourbont, a citromlevet, a szirupot, a tojásfehérjét és a keserűt egy koktél shakerbe jég nélkül. Rázza 15 másodpercig.

b) Adja hozzá a jeget a koktél shakerhez. Rázza újra 30 másodpercig.

c) Szűrje le az italt egy pohárba; a hab a tetején fog összegyűlni. Díszítsük koktélcseresznyével.

97. Whisky-savanyú koktél

ADAGOLÁS 1 adag

Hozzávalók

- 2 uncia whisky
- 3/4 uncia frissen facsart citromlé
- 1/2 uncia egyszerű szirup
- 1 nagy tojásfehérje
- Jég
- 2-3 csepp Angostura keserű, opcionális

Útvonalak

a) Keverjük össze a hozzávalókat és rázzuk össze jég nélkül:

b) Adja hozzá a whiskyt, a citromlevet és az egyszerű szirupot egy koktél shakerbe, majd adja hozzá a tojásfehérjét.

c) Rázzuk jég nélkül 60 másodpercig.

d) Adjunk hozzá jeget, rázzuk újra, majd szűrjük le:

e) Adjunk jeget a shakerhez, és rázzuk újra 30 másodpercig. Szűrjük egy koktélos pohárba, és csepegtessük a tetejére a keserűt. Szolgál!

98. Német tojáslikőr

Adagok: 2

Hozzávalók

- 4 tojássárgája
- 1 csésze porcukor
- 1/2 teáskanál vanília kivonat
- 1/2 csésze tejszínhab
- 1/3 csésze rum

Útvonalak

a) A tojásokat kettéválasztjuk, a sárgáját egy közepes méretű keverőtálba tesszük. Hozzáadjuk a porcukrot és a vaníliakivonatot, és elektromos kézi habverővel vagy habverővel addig keverjük, amíg krémes állagot nem kapunk.

b) Hozzákeverjük a tejszínhabot, és tovább verjük.

c) Most lassan öntsük hozzá a rumot, és folytassuk erőteljesen habverővel.

d) A habzás után tedd a tálat forró vízfürdőbe a főzőlapra, és kevergesd néhány percig, amíg a keverék sűrű és krémes lesz. Ügyeljen arra, hogy az edényben lévő víz forró legyen, de ne forrjon, mert nem akarja, hogy a tojáslikőr bugyborékoljon és elveszítse alkoholát. A tojáslikőrt körülbelül 160 Fahrenheit-fokra szeretné felmelegíteni.

e) Öntse a tojáslikőrt poharakba, hogy azonnal kortyolgassa, vagy fertőtlenített üvegekbe, hogy később is eltarthassa.

Ha tiszta felszerelést és friss tojást használ, a tojáslikőrt körülbelül 4 hónapig kell hűtőszekrényben tárolni.

99. Vietnami tojáskávé

Adagok: 2 csésze

Hozzávalók

- 12 oz. eszpresszó
- 1 tojássárgája
- 4 evőkanál édesített sűrített tej

Útvonalak

a) Főzzön 2 csésze eszpresszót

b) A tojássárgáját és a cukrozott sűrített tejet enyhén habos vagy lágy habbá verjük.

c) Adja hozzá a tojáskeveréket az eszpresszó tetejére.

100. Zabaglione

Adagok: 4

Hozzávalók

- 4 tojássárgája
- 1/4 csésze cukor
- 1/2 csésze Marsala Dry vagy más száraz fehérbor
- néhány szál friss menta

Útvonalak:

a) Egy hőálló tálban keverjük össze a sárgáját és a cukrot halványsárgára és fényesre. Ezután bele kell keverni a Marsalát.

b) Egy közepes edényt félig vízzel felforralunk. Az edény tetején lévő hőálló tálban kezdjük el felverni a tojás/bor keveréket.

c) Folytassa a verést 10 percig elektromos habverővel (vagy habverővel) forró víz felett.

d) Használjon azonnali leolvasású hőmérőt, hogy a keverék elérje a 160°F-ot a főzési időszak alatt.

e) Vegyük le a tűzről, és öntsük a zabaglione-t az előkészített gyümölcsökre, díszítsük friss mentalevéllel.

f) A zabaglione fagylalt tetejére vagy önmagában egyaránt finom.

KÖVETKEZTETÉS

Úgy gondolja, hogy mindent tud a tojásról, valamint arról, hogyan kell főzni és sütni velük? Gondolkozz újra! A Fresh Eggs Daily Cookbook új és izgalmas módszereket mutatott be, hogyan építsd be a friss tojást a főzési és sütési repertoárodba, minden nap. A hagyományos reggelitől a levesek, saláták és főételekig, valamint kiadós vacsoralehetőségek és édes finomságok.

www.ingramcontent.com/pod-product-compliance
Lightning Source LLC
Chambersburg PA
CBHW070652120526
44590CB00013BA/924